Project Hotel

プロジェクト・ホテル

Hotelman
Tetsuo Kuboyama
窪山哲雄

奇蹟の再生に賭けた男が創る
こだわりのリゾートホテル

ホテルに併設されたチャペルの向こうに、夕日が沈んでゆく

小学館

(上)ロビーから広がる壮大な自然の豊かさに魅せられたのだと、窪山は言う。(右)ゆったりとした心地よさを得られるよう、ロビーは広く高く設計されている

玄関の装飾にも温かみが感じられる

ホテルを背に自然を見渡すだけで心が和んでくる

新入社員の懇親会にて。これからこのホテルを支えていく若者たちの眼に、頼もしさを感じた

晴れた日には自然の美しさに息を呑む。正面に洞爺湖、左に羊蹄山、右に昭和新山が臨める

静かで落ち着いた雰囲気のフロント。チェックインのときから、くつろぎと安心を感じる

湖側の客室の窓からは、眼下に洞爺湖が見える。まるで巨大な１枚の細密画を見るようだ

客室は、長期滞在向きに快適性を追求している（写真はアンバサダースイート）

最高級のプレジデンシャルスイートは、ゆったりとした広さのリビングに寝室、さらに洞爺湖を臨みながら入るジャグジー（左）がある

「ミシェル・ブラス」では、ウェイターは本店のある中部フランスの村人ふうの服装でサーブする

ミシェル・ブラス氏（写真左）のレシピと技を、アレックスシェフ（右）が忠実に再現する。年に何度かブラス氏が来日して、新メニュー考案と料理のチェックを行う

「ミシェル・ブラス」は、中部フランスのオーブラック山地に位置するライヨールという小さな村にある、三ツ星レストランである。代表的な料理「ガルグイユー」は、野草やキノコ、果実などがバランスよく盛り込まれ、まるで自然を切り取って皿の上に繰り広げたようだ。右の写真が、「若野菜のガルグイユー“クラシック” 発芽豆でアクセントとフィンゼルブ」である。上は「アイゴブイドーのブイヨンに浸したタラバガニのファルシーとアーモンド　エピスの効いた花を添えて」で、ほうれん草の包みの中に小宇宙が広がる。下は、「バターの入った落花生のヌガティーヌのミルフィーユ　焦がしバターを添えて、ローストした落花生の香りを移したアンフュージョンをグラスで」で、絶妙なデザート

ホテルの玄関を守るドアマンは、
威厳と同時に温かさを感じさせる

ホテルで快適に過ごすための
さまざまな注文に応えてくれ
るコンシェルジェ（右）。夜の
ロビーは、まるで夢の世界の
ようだ（下）

Project Hotel

プロジェクト・ホテル

奇蹟の再生に賭けた男が創るこだわりのリゾートホテル

Hotelman
Tetsuo Kuboyama
窪山哲雄

小学館

Project Hotel

CONTENTS

Project Hotel

CONTENTS

Project Hotel

CONTENTS

プロローグ

ホテルほど素晴らしい商売はない。

とりわけリゾートホテルほど素晴らしい商売はない。

人々に幸福をもたらす可能性のある楽園だからである。

経営の安定という最重要条件を手にすれば、投資家、経営者、従業員、そしてお客様のすべてが幸せになれるのである。


しかし、そのホテルが突然機能を停止した。

誰もいなくなったホテルは、単なる箱である。

この空虚な箱に、多くの人々を呼び寄せて楽園にしたいと考えた。

再び、楽園に！

この思いで始まったホテル再生プロジェクトである。

第一章

空白の九百八十六日

■再び洞爺の丘に立つ

二〇〇〇年十二月三日午後。

前夜の雪はやんでいたが、濃いねずみ色の雲が今にも落ちてきそうなほどにどんよりと垂れ込めていた。車は急な坂道をのぼってゆく。道の両側に二メートル以上の雪の壁が出来上がっていて視界をさえぎっている。車内は誰一人、言葉を発しない。氷状になったのだろう、雪の粒がタイヤに撥《は》ね除《の》けられて、シャリシャリと音を立てていた。頂上の手前で、ドライバーが車を止め、「無用の者立ち入りを禁ず・管財人」と書かれたプレートがかけられた鉄製の柵《さく》を開けて再びエンジンをかけた。

最後の坂道を駆け上がると、目の前に大型客船のような姿の白い建物が迫ってきた。北海道民にとってはバブルの象徴「ホテルエイペックス洞爺《とうや》」と言ったほうが通りがいいのだが、ほんのわずかな期間「ザ・ウィンザーホテル洞爺」だった建物が、今は人の出入りを拒絶して建っていた。

手前の駐車場に車を止め、私たち五人は降り積もった雪を避けるように車から降りた。

海抜六一六メートルの丘の上から見える景色は、いつものように大自然のパノラマである。右手には頂まで雪をかぶった羊蹄山《ようていざん》、その反対側に昭和新山、振り向けば雪のせいでマグロのカマのようにくっきりと白く弓なりにかたどられたような内浦湾《うちうら》の海岸線が見える。前方には中島がぽっかりと浮かんでいるような洞爺湖の穏やかな湖面が見えた。

そのときだった。重く垂れ込めていた雲がきれて、まるで薄絹のような光が湖面をゆらゆらと照らした。

「素晴らしい！　素晴らしい自然だ！　まるで、僕のふるさと、ライヨールのようだ！」

フランスから到着したばかりの三ツ星レストランのオーナーシェフであるミシェル・ブラス氏がつぶやいた。銀縁のめがねをかけたブラス氏の顔に笑みが浮かんでいる。日ごろは気難しい哲学者のような雰囲気を漂わせている料理人の風貌《ふうぼう》が、やさしさにあふれていた。

彼の言葉を聞いて、胸が熱くなった。何を言っていいのか、言葉が思いつかない。私は、ブラスに駆けより、両手を握り締めた。

「Merci《メルシー》, Merci《メルシー》 beaucoup《ボク》!（ありがとう、本当にありがとう！）」

再び戻ることができる！

これで、ホテルを再開することができる！

この思いで胸がつまり、足が震えた。彼はまだはっきりとホテルに出店することを承知したわけではないが、「ふるさとライヨールのようだ」という一言だけで十分だった。

私は「ザ・ウィンザーホテル洞爺」を再開するにあたり、F&B（料理・飲料）部門を集客戦略の柱にしなければと考えていた。ホテルにおけるF&Bというのは、レストラン、宴会、婚礼などが含まれるが、従来のホテルではそれほど重要なものとは考えられていなかった。というのも、ホテルの利益率からすると宿泊部門が約六〇%で、F&B部門はわずか二〇%程度にすぎない。そこで、客室部門のマーケティングに力を入れるホテルが多かった。

しかし私は、F&B部門を強化することによって、戦略的な顧客対応の根幹が出来上がると考えた。カジュアルなレストランを入口として、高級レストランへと階段状にのぼってゆく戦略を立てることが可能になり、ホテル利用に慣れた人も初心者も充実したホテルライフを楽しむことができる。いつかはより高級なレストランへ、というように憧《あこが》れを導入することで、価格や客層戦略を構築することができる。

そのためF&B部門の柱は、名実ともに強力な料飲施設でなければならない。強力というのは、お客様の憧れと夢を託しうる施設のことである。フランスの最高峰のミシュラン三ツ星レストラン「ミシェル・ブラス」は、まさに憧れをかきたて夢を内包しているレストランであり、ウィンザーホテル洞爺のF&B戦略における特に中核的な存在であった。

フランスのリヨンから車で五時間以上かかる山の上にあり、ハーブや香草といった地元の自然食材をふんだんに使った「ミシェル・ブラス」は、ライヨール以外世界中どこにも出店をしていない。パリ、ニューヨーク、東京からの出店依頼を断ってきたブラスが、ここ洞爺にやってくることに意味があった。世界的に自然を見直す気運が高まっており、フランス料理でも天然の食材を利用して、自然のエネルギーを取り込んだブラスの方向性は、まさに世界の調理業界の時流に乗っている。お客様にとっては、三ツ星レストランということで憧れ感が増す。スタッフにとっても、いやが応でもプライドとモチベーションが高まってくる。しかも、ライヨールの景色は洞爺に驚くほど酷似している。ブラスのレストランで北海道の大自然が育んだ野菜や肉、魚などの食材を使うことにより、北海道の素晴らしさを世界にアピールできる。そのすべての要素が集約されたものがミシェル・ブラスであり、私は期待に胸躍る。

ホテルが閉鎖してからブラス氏と洞爺の丘をのぼるまで、実に九百八十六日が経過していた。私がホテルを去るときまで、このホテルを世界の一流ホテルに引けを取らない最高のリゾートホテルにしようとスタッフともどもも苦闘していた。しかし思いもかけない北海道拓殖銀行の破綻《はたん》により、努力は水泡に帰した。あのまま、営業を続けていられたらと思うと、失われた日々がいかにも残念である。

しかし閉鎖当時、私の会社は拓銀からホテルの運営は任されていたが、会社を設立したばかりで資金的な面から考えてもホテルを所有することなどできなかった。ホテルの経営母体であるエイペックス株式会社と株式会社カレントが裁判所に破産申請を行い事実上倒産が決まった日、大きなホテルの端のほうからライトが消えていった。一つ一つライトが消えてゆくさまは、ホテルの命が失われてゆくようで無念の思いが湧きあがった。裁判所の担当者が備品に持ち出し禁止のシールやビニールテープを貼っていく傍らで、ロビーには何人かの社員が集まってきた。

世界のVIPが利用する一流ホテルのみが加盟できるLHW(The Leading Hotels of The World)に加盟が許されており、ブランド構築も着々と進んでいた。

「ホテルらしいホテルになりそうですね」

社員は夢を持ち、胸を張って仕事をしていた。しかし、閉鎖の通告は突然やってきた。

「やはり、閉鎖か!」

欧米のホテルは所有者と運営が別であるというのは常識だった。有名なニューヨークのプラザホテルは、ヒルトンやウェスティンなど何度も所有者が変わっていたが、アメリカの経済社会では当然のこととされていた。私は最後までホテルの所有と運営は別だから、将来に不安はないと思い続けていた。日本政府としても、都市銀行が破綻することによる影響の大きさについては、予測を超えたものがあり、このような事態にまったく慣れていなかったものと思われる。キャッシュフロー(現金収支)を軸とした投資理論からすると、閉鎖はありえないと思っていたが、あっけなく閉鎖となってしまった。

最後まで残っていた社員が、ロビーに集まってきた。大きなシャンデリアの明かりが消えるとき、社員の誰かがつぶやいた。

「悔しいなあ」

気持ちは同じだった。

一流のリゾートホテルを目指して手ごたえが摑《つか》めてきたときだっただけに、残念であった。しかし、不思議と感情は高ぶらなかった。心情的には時代の流れの中で、これも自分の命運であろうと思った。

しかし、このときはむしろ、気持ちはたんたんとしており、ありのままを受け入れる良寛の生きざまや、江戸期の儒者・佐藤一斎《いっさい》の『言志四録《げんししろく》』に心の救いを求めた。

絶対に戻るという思いを胸に、私はホテルをあとにした。

一九九八年三月二十二日の夕暮れのことだった。

■洞爺とのかかわり

北海道の南西部、虻田《あぶた》郡虻田町字清水の地に、そのホテル「ホテルエイペックス洞爺」はあった。

開業は一九九三年六月、六六五億円もの巨費を投じて建設されたバブル絶頂期に計画された会員制のリゾートホテルで、専用ゴルフ場、スキー場などのアウトドア施設も併設された大型の開発プロジェクトだった。オーナーはカブトデコム株式会社という札幌の不動産開発会社で、バブル期に急成長を遂げ、日本はもとよりオーストラリア、アメリカ、アジアなど海外での大規模なリゾート開発や、ビルの買収を行うなど積極的に投資を行っていた。洞爺のプロジェクトは、北海道ということもあり地元の期待も大きかったようだ。

メインバンクの北海道拓殖銀行は、カブトデコムに対し資産価値を無視した過剰な融資を行っていた。その後バブルはあえなく崩壊し、株価暴落、地価下落が起こり、事実上無担保に近い形で融資を受けていた土地や開発プロジェクトは、不良債権化し企業ばかりか融資を行った銀行の経営までも圧迫し始めていた。

私がこのホテルを初めて訪れたのは、一九九六年の秋である。

本州より冬の訪れが一カ月以上早い北海道は、九月というのに肌寒く、太陽の光が枯れ始めた木や草を力なく照らし、うら寂しい思いにかられたことを覚えている。ＪＲ洞爺駅から車で二十分ほどの丘の上に建つホテルは、シースルーのエレベーターを中心に、一二階建ての北ウィングと南ウィングから成っている。

私は、まずその自然に圧倒された。

正真正銘三六〇度のパノラマという表現にふさわしい、雄大な北海道の自然が眼前に迫ってきた。どこまでも続く平原、なだらかな稜線《りょうせん》が連なる山々と噴煙をあげる有珠《うす》山や昭和新山、洞爺湖、えぞ富士と言われる羊蹄山、そして津軽《つがる》海峡の出発点となる内浦湾が一望のもとに見渡せる。

「日本にもこんな風景があったのですね」

同行した役員が感嘆の声をあげた。私にとっても驚きは同じで、これほど雄大な風景を眼下にし、息を呑《の》んだ。

建物も素晴らしかった。三階分を吹き抜けにしたロビーの左右に高さ一〇メートル、幅一二メートルのガラスがはめこまれていて、ガラス越しに洞爺湖と内浦湾を見ることができる。イタリアから取り寄せたというノーブルな色合いの大理石の床や階段、同じく大理石を薄く削って特注したシャンデリアのライトのフードを通して柔らかな光がロビー全体を照らしている。壁と天井は木目も美しい天然木で、大理石の冷たさとマッチして落ち着いた雰囲気をかもし出していた。

ここは、自然に抱かれた華麗な要塞《ようさい》。

ホテルの中から見えるものは、神様が創り出した大自然だけで、人間の作ったものは何も見えない。しかし、ホテルは吟味した素材で丁寧につくられた、快適な空間。大自然の中に都会を持ち込んだような贅沢《ぜいたく》なリゾートホテルだった。

その当時私は、長崎のテーマパーク、ハウステンボス内にあるホテルを運営する株式会社NHVホテルズインターナショナル（現在はハウステンボス株式会社のホテル事業部）の社長として、五つのホテルの運営を行っていた。

ハウステンボスのホテルは一九九二年三月二十五日オープンと、ホテルエイペックス洞爺とほぼ同時期に開業している。それからわずか五年足らずの間に、片や日本で最高の客室単価を誇る高級ホテルとして認知されるまでに成長し、片や利用客の減少でクローズさえ噂《うわさ》されるまでに落ち込んでいる。バブルの時代があったからこそ、こうした贅を尽くしたホテルを建設することができたが、頼みのバブルが崩壊した影響をもろに受けて苦戦しており、明暗を分けていた。私がこの両極端のホテルに関わることになったのは、偶然だろうか。

■洞爺への決心

北海道の話をいただいたのは、一九九六年の初夏だったと思う。強い日差しが照りつけるハウステンボスに北海道拓殖銀行の関係者が二人見えた。

「窪山さんが手がけたホテルヨーロッパは、大変素晴らしいホテルだと思います。ハードはもちろんのこと、サービスも本当に素晴らしい。話には聞いておりましたが、実際に目にして感心しました」

私としてはゼロから作り上げここまで育てたホテルという自負があったので、誉められて悪い気はしなかった。

「実は、その窪山さんにたってのお願いがございます」

と拓銀の担当者がおもむろに話し始めた。

「北海道の洞爺に、私どもが融資しておりますリゾートホテルがございます。会員制のホテルのため外から積極的に集客できないので、開業以来苦戦しております。私どもはホテルのプロではないので、どうやって運営したらいいかわからなくなっています。ぜひプロの方に運営をお引き受けいただけないかと思いお願いに上がった次第です」

思いがけない話に、私は当惑した。

「とにかく、一度ご覧いただいて。それでお気持ちが動かなかったら、そのときは私どもも諦《あきら》めますから、とにかくぜひ一度おいでください」

と熱心に勧めてくださった。

「そのうちに、伺います」

あいまいな返事をして、その日はお帰りいただいた。


夏場は宿泊客が多く、私は多忙を極め、北海道の話は忘れかけていた。秋になってからも、再三お誘いの電話をいただいたため、久しぶりに休暇もかねて北海道に出かけた。

まずは、その自然とホテルの建物に圧倒された。ロビーや客室といった表に見える部分のしつらえは素晴らしい素材を使い贅沢に作られている。それ以上に驚いたのが、従業員が立ち働くバックスペースだった。かなり広く、従業員スペースが確保されている。ハウステンボスのホテルは、お客様を迎える部分は贅沢な広さが確保されていたが、その分バックスペースが犠牲になりかなり狭くなっており従業員に負担を強《し》いていた。しかし、ここのホテルは客室やパブリックスペースなどはもちろんのこと、従業員スペースも申し分ない広さがある。これだけの施設が完備していれば、従業員のモチベーションを上げるには十分な場所であると実感した。

ところが、従業員を見てがっかりした。誰も彼もが暗いのである。ホテルも経費節減のためにロビーのシャンデリアが消されていたこともあり暗かったのだが、それ以上に従業員に笑顔がなく、肩を落としかったるそうに働いている。ホテル内で行われるさまざまの業務であるオペレーションは統一されておらず、従業員が勝手に自分の方法で仕事をしているようで、効率が悪いことおびただしかった。これも仕方がないことで、開業当初はホテル出身の方が総支配人（ＧＭ《ゼネラルマネージャー》）をやっておられたようだが、業績低迷により拓銀からＧＭが派遣された。しかし、客室数四〇〇を超えるリゾートホテルの運営は、本当にホテルの運営がわかっている人でなければ無理である。任された方は、お気の毒としか言いようがない。

開業の年の夏休みに約五七％という客室稼働率を記録したが、その後下降線をたどり、私が訪れた一九九六年の年間客室稼働率は約二一％と惨憺《さんたん》たる状況だった。当初は一口三〇〇〇万円の会員権による会員制ホテルとしてスタートしたが、バブル崩壊で会員も思うように集まらず、一般客も宿泊させるようになっていた。一般客を呼び込むために宿泊料金を下げて客数を確保しようと頑張っていたようだが、客室料金を下げることは一時的なカンフル剤にはなるかもしれないが、一度始めるととめどなくなり、ついにはホテルの体力を根本から弱らせてしまう。私が訪れたときは、まさにカンフル剤も効きにくい末期に近い状況だった。

「今まで、私どもはできるかぎりの手を打ってきました。やれることはなんでもやってきたつもりです。でも、しょせんはアマチュアです。もう限界です。もし、窪山さんに断られたら、ここはもう閉鎖するしかないんです。なんとかお引き受けいただけませんでしょうか」

拓銀副頭取の武馬鋭称氏が、熱心に誘ってくださる。

この熱意に気持ちが強く揺らいだ。

「もういいや」

このとき、ハウステンボスに対する執着心が急速に薄れた。

帰りの車の中からもう一度ホテルを振り返ったとき、

「北海道でもう一度頑張ってみるのもいいかもしれない。これも俺の人生かもしれないな」

そんな気持ちになっていた。

人間は緊張の糸が切れ、ふと「もういいや」と思う諦観《ていかん》に似た瞬間があるのではないだろうか。

私がハウステンボスのホテルに社長として招かれたのは一九九一年の一月十五日。それから三、四年間は、ほとんど一日の休みもとれないような状態でホテルを作り上げることに専心してきた。ホテルを一軒立ち上げるのでさえ大変なのに、たった一年で会員制のホテル一軒とその他に四軒の計五つのホテル、合計八八〇室をほぼ同時にオープンさせなければならないという前代未聞のホテル・プロジェクトであった。人も八割以上が未経験者、すべてがゼロスタートで、新たに全システムとマニュアルの構築をしなければならない。

　私は独自のピラミッド理論（第三章で詳述）を構築し、それをもとにオペレーションをやっていった結果、オープンから二年余りでフラッグシップ（旗艦）ホテルの「ホテルヨーロッパ」が、その後「ホテルデンハーグ」「ホテルアムステルダム」が国内の収益ランキングの十傑に入るまでになっていた。ホテルの経営は順調に軌道に乗りつつあったが、その頃から次第にホテルとハウステンボス本体との確執や経営理念の相違などが表面化してきた。

　当時、日本興業銀行系の日本経営システム株式会社が試算したホテルの当初の売上は七五億円だったが、実際には一三〇億円の収入があり、GOP（グロス・オペレーション・プロフィット＝総営業利益）も毎年二〇％から二五％と右肩上がりになっていた。スタッフが未経験者だらけという状況でどうやって運営してゆくかを悩みつつ、試行錯誤しながらやってきたが、これだけの成績があげられたのは、モチベーション・マネジメントにより社員一人当たりの付加価値を高めてきた結果である。それがいい結果を生むようになり、ハウステンボス本体に大きく貢献できるほどに成長していた。しかし、ホテルの好調とは裏腹に、ハウステンボスの入場者数は伸び悩んでいた。こうした収益上の格差を快く思わない人もいないわけでもなかった。

　ハウステンボスの五年間は、まさに寝食を忘れホテル経営に没頭した。自分自身をホテルに投影し、ホテルヨーロッパと心中してもいいというほどに全身全霊をかけて取り組んできた。ところが、一九九五年から事態は一変する。怪文書攻撃が開始され、一九九七年三月に退社するまで、延々と執拗《しつよう》に続いた。

目的は私をハウステンボスから追い出すことであった。これほどまでに一生懸命に頑張ってきたのに、なぜこんな目にあうのか。なぜ正々堂々と勝負を挑んでこないのか。開業以来三年間、一日も休まず頑張り続け、ようやくその頃から週に一度日曜日だけ休めるようになった矢先の出来事だった。

そんな日曜日の早朝午前二時頃に、全国のハウステンボスの営業所と各ホテルのフロント、役員、日本興業銀行、そして株主の長崎自動車の役員宛に怪文書がファックスされた。初めて見たときはショックのあまり当然のことながら、睡眠不足になった。十月の繁忙期である。仕事の手を緩めるわけにはいかない。特に全日空ホテルがハウステンボスに近接して開業したばかりの年だった。当初は取るに足りないことと無視していたが、その内容があまりに不快極まるものであったのと、明らかにその道のプロを雇った悪質ないやがらせであることが判明してからは、少しずつハウステンボスへの愛情が薄らいだ。

その年の初めに、ある有名なテーマパークからのお誘いがあったときには、私はハウステンボスに対する愛情からまったく気持ちが動かなかった。それほど愛着があったのだ。それがこの始末である。ホテルマンとしてやるべきことはすべてやった。実績もあげたし、人も育てた。

「どういうことだ！」

理不尽な思いにかられていた。作り上げたホテルに愛着はあっても、現実には追いつめられていた。

そんなときに、目の前に現れたのが北海道のリゾートホテルだった。それまでは、緊張感を持って、何が何でもハウステンボスで踏ん張っていようと思っていた。自分を慕って来てくれた社員に対して彼らを裏切ってはいけないと思っていた。

しかし、私は、洞爺のあの場所を見て、従業員の暗い顔を見て、拓銀の熱心な誘いもあって、追い込まれた精神がふっと解き放たれてしまったのだと思う。

「もういいや」

こうして、私は北海道行きを決心した。

■独立への準備

北海道へ行く決心はついたとはいうものの、実際に行くとなると話は別だった。まず、社員とホテルの運営に問題が生じないように体制を組みなおし、人材の育成に一層力を注いだ。自分がいなくなったために、せっかく作り上げたハウステンボスのホテルが駄目になってしまうのは忍びなかった。

そうこうするうちにも、日本の経済状況はますます悪化の一途をたどり、銀行の危機が話題に上るようになっていた。その筆頭が、北海道拓殖銀行だった。拓銀は無理な融資による不良債権をかなりの数保有していると言われていた。当時の大蔵省は各銀行の債権を、正常債券の第Ⅰ分類から、回収の見込みのない第Ⅳ分類までに分類していたが、拓銀は大量の第Ⅲ分類と第Ⅳ類の債権を抱え込んでいた。私がこれから再建をしようとしているホテルは、第Ⅲ分類だった。限りなく回収不能に近いと判定されていたわけである。北海道のホテルへの初期投資は六五〇億円だったが、稼働率の低迷から拓銀はその後も追加融資を行い、負債総額がふくれていった。

友人の中には、拓銀自体が破綻する危険性もあるから、やめたほうがいいのではないかとアドバイスしてくれる人もいた。私はもう決断していた。なにしろ拓銀といえば一九〇〇年（明治三十三年）に設立された約百年の歴史のある銀行で、道内に一三二店舗、道外に六三店舗（一九九七年三月当時）の営業拠点を持ち、資金量では北海道一の都市銀行である。その銀行が破綻するとは、とうてい考えられなかった。大蔵省が今までのように護送船団方式で守っていくと信じていたところがあった。多くの学者やエコノミストが考えていたように楽観的になっていたというよりも、理論的に考えて、大蔵省は拓銀をつぶさないのではないかと解釈していた。

しかも、政府関係者からも、「絶対に拓銀はつぶさない」という話も直接聞いていたこともあり、安心していた。

拓銀の役員の方にも、何度も確認し、その都度一笑に付された。

北海道でのホテル運営のお話を受けるにあたり、どういうやり方にすれば一番自分の理想とするホテルが出来るかを思考した。あの大自然のロケーションと国際第一級のハードを生かすには、こだわりを持った一流のリゾートホテルにしなければ、生き残る道はない。

「北海道を東洋のスイスにしよう！　スイスにある高級リゾートのようなものに作り上げるのだ！」

私は新しいプロジェクトを前に、わくわくして、アイデアがどんどん湧いてきた。しかし、これを実行するにはスタッフが必要である。私のアイデアを理解し、しっかり実現に向けて動いてくれるスタッフがいなければ無理である。私がハウステンボスを離れることが決まったとき、約五〇名のスタッフが行動を共にすると名乗りをあげた。しかし私にとって、ホテルヨーロッパをはじめとするホテル群は、まさに自分の血を分けた子供のようなものである。

その中から、次のような条件を満たす者のみを選んだ。その人物を連れていっても運営に支障をきたさない者六名と、私が育てた新人、つまり一期生七名の合計十三名のスタッフを連れてゆくことになった。

翌年一九九七年四月から北海道のホテルの運営を受託するために、九六年末から準備を始め、九七年の正月明けにハウステンボスの大株主である日本興業銀行の担当役員に報告をした。私がいることで社内がギクシャクする場面も多かったので、すんなりとやめられるのではないかと思っていたが、実際は興銀とハウステンボスは大騒ぎになった。

「窪山さん、もう一度冷静になって考え直してくれませんか。ホテルもハウステンボスもこれからまだまだやってゆかなければならないところがあるんですから、一緒にやりましょう」

と説得してくれる方もいたが、すでにハウステンボスのマネジメントに対して強い不信感を持っていた私の気持ちは揺るがなかった。

こうして私は、一九九七年三月三十一日付けで、NHVホテルズインターナショナルの社長を辞した。

■一回目の再建

私はホテル運営を受託するにあたり、株式会社ザ・ウィンザー・ホテルズインターナショナルという運営会社を設立した。

運営会社を設立しようと考えたのは、やはりハウステンボスでの苦い経験がトラウマのようになっていたのだと思う。自分で運営会社を設立したならば、オーナーとの契約が続いている限りは思い切った運営ができる。ホテルマンとして培《つちか》ったノウハウを生かすためには、運営会社を起こす以外には考えられなかった。

私はアメリカのコーネル大学で近代ホテル経営学を学んだ後、日米両方のホテルで働いた経験があり、欧米のホテルと日本のホテルのよさとそれぞれの弱点を両方体得していた。この経験によって、東洋と西洋のいいところを取り入れてバランスよく運営できる。また、日本ではホテルのオーナーと運営会社が同じところが多いが、欧米は分かれているのが当たり前なので、これからは日本でも独立系のホテル運営会社が受け入れられてゆくのではないかという読みもあった。そのためにホテル運営会社を立ち上げ、洞爺のホテルで先鞭《せんべん》をつけて、ゆくゆくは経営のうまくいっていないホテルの経営者に代わり運営したり、新しいホテルを立ち上げたりしてゆけば、非常にいい形になるのではないかと考えていた。

拓銀との契約はホテルの運営受託で、マーケティング、営業、宿泊、料飲、GRO（ゲスト・リレーションズ・オフィサー）などの各部門に私の会社のスタッフを配置した。今までの従業員はホテルと関連施設の所有会社であるエイペックス社と、もともとは拓銀の関連会社で、このプロジェクト遂行のためにウィンザーも共同出資で設立したカレント社に所属する社員もいた。カレント社は、エイペックス社から施設を借り受けて、施設運営資金を調達準備し運営会社であるウィンザーに運営委託する施設経営会社だった。エイペックス社の負債軽減のために設定された六億円という高額な賃貸料や二六億円もの資産購入費用はエイペックス社救済のために拓銀の判断で費用に加えられたが、これも運営受託の条件に入っていたためそのまま受け入れることになった。

北海道は四月下旬に突然春が訪れる。梅、桃、桜が一斉に花を咲かせ、それを待ちかねて木や草花が芽をふく。その花の時期に合わせ、本格的に北海道に入った。

運営を開始した一九九七年五月一日、まず初日に行ったのは、従業員を集めての全体会議だった。

大宴会場に全従業員が集まってくる。シェフコートを着た者、着物を着ている女性、ジャンパー姿のメンテナンス担当、タキシードに身を包んだマネージャー、制服姿のフロントなど、さまざまのユニフォームをまとった従業員が、神妙な顔で椅子に腰掛けている。突然やってきた私に対して、どう対応したらいいのか戸惑っているのがよくわかる。なかには、横を向いたままこちらを見ない従業員もいた。

「これからは、自信を持って働いてもらえるようなホテルを作ってゆきます」

私は第一声で、全社員にこう宣言した。

「これだけ素晴らしいハードがあり、拓銀をはじめ社員の皆さんが苦労してやってきたのはわかります。しかし、はっきり言って今は停滞しています。せっかくの自分たちの時間を放棄するのはもったいないと思います。たしかにのんびりゆっくりしている人はうらやましく思えるかもしれません。しかし、一生懸命に働いている人が得る充実感は何物にもかえがたいものです。充実した人生を送るために、一緒に頑張っていきませんか！」

私の話に、社員の反応はさまざまだった。

「もしかすると、なにかやってくれるかもしれない」

と期待を持って見ている人もいる。

「どうせ、そんなことを言ったって」

と、横を向いてしまう人もまた多かった。

いくら素晴らしいハードがあっても、社員のモチベーションが下がっていくと、いいホテルはできない。たとえば夕方六時に予約の電話をいれると、

「今はやっていません」

フロントが勝手にお客様を断ってしまう。せっかく帰ろうと思っていたのに、一人でもお客様が来ると仕事をしなければならなくなって困るというわけだ。一時が万事こんな調子で、モチベーションなどかけらも感じられなかった。

「すべての時間は自分たちのためのものだ。自分の大切な時間のクオリティを失うことのもったいなさをもっと感じていただきたい。もっと危機感を持って対処していただきたい」

私は力説した。

本当のサービスとはサービスをしている人が満足感を持って働くことで、お客様にも満足を与えることができる。小売業ではCS(カスタマー・サティスファクション=顧客満足)の重要性が言われるが、ホテルに関してはES(エンプロイー・サティスファクション=従業員満足)が、それにもまして重要な要素であると思う。

自分が本当に仕事に生きがいを感じて、楽しいと思って働いていなければ、お客様に楽しさを

提供することはできないのである。私は社員のモチベーションを高めるために、面談を繰り返し、不満を聞きだし仕事へのやりがいを聞いていった。素晴らしいホテルで働いているというプライドを持たせることが急務だった。

ハウステンボスで初めて社長になってからの私は、常にＥＳについて考えてきた。そのための人事システムや社員のためのセクションも特別に設けて、安心して働けるような環境を整えてきた。そのことについては後述する。

■オープンキッチン方式という考え方

洞爺に入って再認識したのは、施設の力が国際第一級だということだった。どこもかしこも手を抜くことなく、最高の材料で丁寧に建築されている。資金が潤沢にあったバブル期だからこそ建設可能な施設だった。

しかし、私が見た当時のホテルをたとえるなら、「今日は帝劇、明日は三越」と言われた時代の格式がある日本橋三越で、コンビニエンスストアを開いているようなものだった。安売りに安売りを続けて、一泊五〇〇〇円とか六〇〇〇円という民宿のような値段で売っていた。安くすれば人件費もかけられず、サービスなどできるはずがないという状態だった。

私の再生計画は、このホテルを「三越」に戻そうという戦略だった。このホテルに一番大切なのは、泊まったお客様に「予感・体感・実感」をしてもらうこと。あのホテルに行くと、何か楽しそうだと思わせる「予感」を持たせなければいけないのだ。しかし、コンビニだったら最初からお客様は夢など持って入ってこないで、サンダル履きで気軽に安く泊まりに来るということになる。この状態を断ち切るために東京の本社にマーケティング部門を置いて、イメージを変えるために広告のビジュアルを今までとまったく違うものに変更し、広報、広告関係の新体制を組んでいった。

ホテル再生には、オープンキッチン方式を取り入れることに決めた。オープンキッチンというのはレストランではよくあるのだが、厨房《ちゅうぼう》が客席から見え、調理の過程が見渡せるというもの。従来ホテルの運営を受託した場合は、一度全館クローズして改装工事を行い、社員研修を実施して新しいホテルに生まれ変わらせる。しかし、洞爺のホテルには二〇〇人近い従業員がすでに働いていたため、もし休館となると休業補償をしなければならない。それでなくても赤字が続いているホテルに、これ以上の余計な負担を強いるわけにはいかない。細かいところで言えば、石鹸《せっけん》やシャンプー、リンスといったホテルエイペックス洞爺のロゴ入りの備品が大量に残っているため、使わないと無駄になる。

そこで、グランドオープンは一九九八年六月一日ということに決め、それまでは改良の過程をお客様に見ていただくというオープンキッチン方式で進めることにしたのだ。六月をオープンと決めたのは、梅雨のない北海道は六月からオンシーズンに入るため、そのタイミングで正規料金の一室三万円程度のホテルにしようという計画である。それまでの一年間に従業員も完全にウィンザーウェイに切り替えて、モチベーションを上げてゆけばいい。

モチベーションを上げるには、名前の浸透も重要な要素である。

一九九七年七月一日には、それまでの「ホテルエイペックス洞爺」を「ザ・ウィンザーホテル洞爺」に変更し、読売新聞全国版に十五段の広告を打った。釣り、スキー、ゴルフなどのアウトドアライフと、ディナーとカクテルの楽しみを外国人モデルで表し、大自然の楽しみと都会の快楽の融合を表現した。こうしたビジュアル戦略の成果が現れ、マスコミの取材も増え、素晴らしいホテルに生まれ変わりつつあるということで知名度も上がってきた。

また、国際第一級のホテルを標榜《ひょうぼう》するには不可欠の、ＬＨＷに加盟するための申請を行った。このＬＨＷというのは、国家元首や財界人、ＶＩＰなどが利用するような超一流ホテルだけが加盟できる世界有数のホテル予約システム会社である。大使館は各国のＬＨＷ加盟ホテルを把握しているほどで、加盟には厳しい審査があることで知られている。日本では帝国ホテル、ホテルオークラ、フォーシーズンズホテル椿山荘東京など一二のホテルしか加盟が許可されていない。

私はハウステンボス時代に、ホテルヨーロッパをＬＨＷに加盟させており、今回もグランドオープン前だったが申請を出したところ、九七年の九月にＬＨＷのメンバーである香港《ホンコン》のペニンシュラホテルのＧＭと帝国ホテルのＧＭの二人によるインスペクション（視察審査）があった。通常はLHW本社がやるのだが、代わってインスペクションをやってくれた。

チェック項目は多岐にわたっている。ハード面では、部屋の広さ、備品はもとより、冷蔵庫や額の裏側まで掃除されているかなど厳しくチェックされる。また、スタッフのサービスを見るために、明け方近くになってからルームサービスのオーダーがあったり、短時間でのクリーニングやプレスの依頼が行われたりする。こうした厳しいチェックがあったLHWの加盟にあたっては、帝国ホテルの元社長の犬丸一郎さんにご指導いただいた。心より感謝を申し上げたい。

■一流ホテルへの障害

ホテルエイペックス洞爺は、会員制のホテルとして計画された。

一口三〇〇〇万円の会員権を販売することになっていたが、折悪しくバブルが崩壊し会員権の販売は苦戦した。拓銀には自行の顧客に対して先々会員権を流通させる約束で一七〇億円分の購入を引き受けてもらったりもしていたが、目標額までほど遠く、結局ホテルは一般客も入れるということで開業した。ウィンザーは運営受託契約なので経営責任や経営方針の決定権はなく、会員を残したままで受託をするという条件を飲まざるを得なかった。拓銀としても、会員権を全額償還するだけの資金的な余裕がなかったのだと思われる。

会員は一泊六〇〇〇円の利用券で宿泊できる。会員本人が利用してくれればまだ問題はなかったのだが、ホテルのサービスに魅力がないせいもあるだろうが、会員の利用はごくわずかだった。大半は会員がばらまいた利用券を使用しており、およそホテルとは無縁のようなお客様もいた。

ある日のこと、スタッフが廊下を歩いていたら、部屋のドアの隙間《すきま》から煙が漏れている。スワ火事か、とドアを激しくノックした。すると、中から中年の男性が顔を出した。

「うるさいな。何か用か」

部屋の中を見ると、絨毯《じゅうたん》に数人が車座になって中央の携帯コンロで焼肉を焼いていた。飲み物を持ち込むなど当たり前。エントランスに小型トラックを横付けして、ビールやジュースの入ったダンボール箱を搬入する姿を見るなど日常茶飯事だった。また、生活雑貨を山と持ち込んで、大理石のロビーを長靴の音をさせて運んでゆく人もいた。

これではホテルの環境作りができないため、やめさせるようにスタッフに言った。ところが、それからが大変だった。

「お客様、申し訳ありませんが、お飲み物のお持ち込みはご遠慮いただけないでしょうか」

と言うと、

「なにを！　ビールを持ち込んじゃ駄目だって言うのか」

とくってかかる。それでも、何とか説得しようとすると、スタッフが殴打され、口を切った。

一回や二回ではない。しかし、お客様には絶対抵抗はできず、このような玄関の攻防でドアマンのケガが続出し、もはや手のつけられない状況になった。そこで、私は一計を案じた。

まずドアマンの制服を変えた。実はユニフォームに関しては費用のこともあるので、翌年のグランドオープン時に一斉に行おうと思っていた。しかし、ケガ人が出るまでに深刻なトラブルが起こっているので、もはや猶予できなかった。

対策として、ドアマンの制服を、白いシルクハットと白い燕尾服《えんびふく》というフォーマルなものに変えた。そのうえ、品川ナンバーの中古のグリーンと青のベントレーのロールスロイスを二台購入し、エントランスの横に駐車しておいた。これはサイコロジカルバリア（心理的障壁）手法と言って、言葉で規制するのではなくある種の威圧感を持たせることで、相手の行動を制限しようというものである。つまりエントランスに来た人が、白い燕尾服とシルクハットによって一瞬臆《おく》するような雰囲気を演出したのだ。威圧感を抱かせる小道具を用意したことで、ドアマンに権威を持たせたところ、お客様の態度が微妙に変化してきた。エントランスに小型トラックを横付けし、ダンボール箱を積み下ろしするようなお客様はほとんどいなくなった。たまにそういうお客様もいるにはいたが、ドアマンが、

「お客様、それはお持ち込みをご遠慮いただけますか」

と言うと、すごすごと車に積みなおし駐車場に置いてくるようになった。なかには夜中にこっそり持ち込むお客様もいたが、ある程度は目をつぶった。そのときは、ホテルに持ち込みにくい雰囲気を作っておけば十分だった。こうしてある種のグレード感が出てくれば、本来の会員も戻り客層も上がってくる。となると次のステップに進むことができる。私としては、会員の方が喜

んで使いたいと思えるホテルに作り上げ、次の段階で会員権そのものが流通できるようになればいいという体制を組んでいこうと計画した。会員権が流通するようになりさえすれば買取体制も整うわけで、五年から十年の長期のプロジェクトとして考えてゆく以外はないだろうと考えていた。

■運命の号外

その日、一九九七年十一月十七日午前七時三十分に自宅の電話が鳴った。

「社長！　北海道新聞の号外が出ました。拓銀が破綻しました！」

まさかという思いと、やはりという思いで一瞬頭が真っ白になった。

『拓銀破たん　北洋銀行に営業譲渡　預金は全額保護』という墨一色の大きな見出しの号外だった。


大蔵省は十七日午前、拓銀（本店・札幌、河谷禎昌頭取）の自力再建は困難になったとして破たん処理することを発表した。北洋銀行（同、武井正直頭取）に営業譲渡する。預金保険機構の資金援助で預金は全額保護される。道内経済の混乱を避けるため、日本銀行は特別融資により必要な資金を提供し支援する。都市銀行の破たんは初めて。これにより、拓銀、道銀の合併計画は白紙撤回となる。

拓銀破綻のニュースを知り、頭の中は今後の対応を考えていた。

拓銀破綻の噂は、十一月十三日木曜日あたりから流れ始めていた。私は真偽を確かめるために、数日前から直接の窓口である担当部長に連絡を取ろうとした。しかし、どこにいるのか所在さえ摑めず、電話口の向こうで女性社員が「電話のあったことをお伝えします」と繰り返すだけだった。

「連絡を取りたいんです。どうしても、すぐにでもお伺いします」

と言っても、無駄だった。

「こちらにはいらっしゃいませんので」

と言って、電話を切られてしまう。こうしたやりとりが何日も続いていた。

拓銀側は、経営側と担当者の間でかなり意識のズレが出ていたように思う。役員からは、「ご迷惑をかけて申し訳ない」という言葉をいただいていた。しかし、直接の担当者の対応はかなり厳しいものだった。

十六日の深夜から、かなりあわただしい動きがあったようだ。

十一月十六日日曜日、午後三時三十分に、拓銀は東京営業部で臨時取締役会を開き、北洋銀行への営業譲渡と、北海道銀行との合併の白紙撤回を決めた。

同、八時十分には、金融当局が北海道警察に拓銀本支店への警備を要請。

同、九時五十分になり、拓銀の河谷頭取が、戸田一夫北海道経済連会長に「資金調達が困難になった。最悪の事態を避けるために北洋銀行に営業譲渡する」と電話で連絡。

十七日の深夜零時三十分。大蔵省四階の銀行局で預金保険担当者が連絡を待っていた。

「まだ正式には聞いていないが、朝から忙しくなる」と発言した。

同、六時三十分。大蔵省銀行局の扉に「関係者以外の方はしばらくご遠慮願います」の貼り紙が出た。

六時三十分には、拓銀はマスコミ各社に対して、記者会見の時間をファックスで知らせた。

そして、七時三十分、「拓銀破たん」の北海道新聞の号外が出たのである。

拓銀の支店前でテレビのリポーターが、出勤してきた行員にインタビューしていた。

「突然のことで、驚いています」

そう言うと、行員が足早に行内に入ってゆく。

八時二十分には、当時の三塚博大蔵大臣が記者会見をした。

「市場性資金の取り入れも困難となり、資金繰りが行き詰まるにいたった」

と破綻にいたるまでの経緯を発表した。

同じ時刻に、拓銀の河谷頭取が、

「地域経済の混乱を回避するためには、他の金融機関に承継してもらうのが最善の方策であるとの結論に達しました」

と述べ、頭を下げた。

画面が切り替わると、拓銀の支店前で、一般の女性客にインタビューしている映像が映し出された。

「拓銀が駄目になるんだったら、どこの銀行も信用できないわ。これからは土でも掘ってお金を埋めるしかないんでないの」

と、当惑する女性の顔が画面いっぱいに映っている。

まったくその通りだった。

いかに状況が厳しいとはいえ、拓銀が駄目になるとはどうしても信じられなかった。百年の歴史がある銀行である。北海道開拓の歴史を支えてきた都市銀行が破綻するなど、どうして予測できただろうか。

九時の営業開始時間には、拓銀の本支店では窓口で起立し、いつもの通り、

「いらっしゃいませ」

と挨拶して、業務が始まる映像が流れた。それだけ見ていると、まったく変わらない月曜日の朝の風景だった。

それから私は、役員を招集して会議を持ち対策を協議した。拓銀が破綻したとしても、ホテルと関連施設の所有会社であるエイペックス社とカレント社が破綻したわけではないので、ホテルが明日にも閉鎖になることはない。しかし、今後運営するにあたり、当面の資金面に不安があった。というのも、運営受託の条件として、人件費やマーケティングの費用は実質拓銀が負担する契約になっていたからである。拓銀の破綻により費用が出ないとなれば、新しいオーナーを探さなければならなかった。

■命運つきる

拓銀が破綻し、困難が予想されたが社内には危機的な悲愴《ひそう》感はなかったと思う。というのも、六月のグランドオープン以降には予想を上回る予約が入り始めていたからだ。車関係の会社のインセンティブ（成績優秀者報奨）研修や台湾からのツアー客などの大型の予約が入り、法人を中心に前年比二五倍増の七億五〇〇〇万円と驚異的な伸びを示していた。室料も一室二万八〇〇〇円程度にまで上昇しており、当初の計画通り推移していた。

この予約状況をもって、なんとかオーナーを探すことができればホテルは存続できるのではないかと思い、拓銀破綻からオーナー探しの日々が始まった。大手デベロッパー、鉄道関係企業など、多くの企業にオーナー要請をするために日参した。

一方で拓銀に対しても、ホテルの事業継続をお願いしながら、同時にオーナー探しをしていただけるよう依頼した。私は外資系の投資会社にも、ホテルの事業運営継続の依頼をする計画を立てて、相手先の選定に入った。海外ではホテルのオーナー会社が倒産しても、運営が続いていればホテルの資産価値を正当に評価してもらえる。ホテルは稼働していることで価値が生まれるので、もしクローズしてしまえば資産価値はゼロにも等しくなってしまう。ホテルは人間がサービスを行い雰囲気という空気を売り物にしている業種なので、たとえハードがどれほどに素晴らしくてもそれだけでは評価はしてもらえない。だから、どうしてもホテルがオペレーションをしている姿を見せる必要があったし、稼働しているうちに新しいオーナーを見つけなければならなかった。外資系企業ならばホテルにおける経営と運営の違いを理解してもらえるはずであり、この施設とオペレーション、予約状況などを見てもらえれば投資物件としての価値をわかってもらえるのではないかと考えていた。

これと同時に運営のための費用面の削減について模索した。仕入れを一〇%程度カットしたり、省エネを徹底して行うなどできるところはすべて削減した。しかし人件費の削減に関しては思いとどまった。リストラすることはできない。せっかくモチベーションが上がってきたのに、ここで社員をリストラすれば残されたスタッフのモチベーションの低下は免れない。運営会社の責任として、一人の従業員も路頭に迷わせることは、どうしてもできなかった。

こうしているうちにも、流出する資金を止めることはできなかった。

ホテルの運営が継続できるようにさまざまの対応策に追われていた十一月二十五日火曜日に、LHW加盟承認の内定通知が届いた。皮肉にも、拓銀破綻から八日後のことだった。

ハウステンボスから一緒にやってきたスタッフは、欣喜雀躍《きんきじゃくやく》した。LHWに加盟することがいかに困難なことであり、加盟承認が名誉なことであるかを実感していたスタッフである。しかし現状に立ち返ると、ホテルマンにとって喜ばしく晴れがましい出来事なのに、心から祝杯をあげることもできない。

「せっかく加盟が決まったのに」

と言ったきり、マーケティング部の社員が口をつぐんだ。彼女の言いたいことは、そこにいたすべてのスタッフの気持ちだった。

「ホテルがオペレーションさえできれば」

この言葉をぐっと飲み込んで、仕事を続けた。

十二月はホテルにとって大きなイベントが続く大切な月である。

十二月四日には、フランスのアルザス地方の二ツ星シェフ、ミシェル・ユセール氏によるアルザス料理講習会が開催された。

十二月六日には、アルザス美食の饗宴《きょうえん》開催。

十二月二十日には、ブロードウエイミュージカル「Tango el Show」クリスマスディナー&ダンスパーティー開催。

十二月二十一日から二十四日は、聖夜のJAZZ　LIVE。

十二月二十三日、ザ・ウィンザープライベートボトルワイン提供。


クリスマスプランのお客様を見送って、人心地ついた十二月二十六日の金曜日の夜に、社員の家族を集めてのパーティーを行った。

「大変な状況であるけれど、なんとか事業存続に向けて頑張っています。皆さんにも我慢してもらわなければならないこともあるかもしれません。協力をお願いします」

こう言うのが精一杯だった。先々のことで約束できるものは何もなかった。


十二月二十九日の月曜日、拓銀から派遣されていたT氏が面談を求めてきた。これまでの彼の温厚な表情は吹き飛び、きわめて冷ややかな意地の悪い表情の別人になっていた。九州出身で九州大学卒業ということで、私が福岡出身であったために拓銀側が配した人材であった。

「窪山さん、悪いけどもうこのホテルは閉めるよ」

この言葉によって立場が逆転した。運営を依頼された立場から、今度は従業員を守る立場になった。一方的な宣言に、私はつい大きな声をあげた。

「それはないでしょう。六月以降予約がかなり入っている。運営を継続したまま資産を保全し、売却を考慮すべきだ」

「そんなことは関係ないよ。とにかく閉めりゃあいいんだ。閉めりゃあ」

拓銀の破綻処理を担当している役員の方からは慰労と謝罪の言葉をかけていただいていただけに、この話は寝耳に水だった。十一月十七日の破綻以降、拓銀内部でも経営側と現場では考え方に温度差が出てきていたようだ。現場は経営側を激しく批判し、その怒りの矛先《ほこさき》が向けられたのだと思う。

扉を乱暴に閉めて立ち去るT氏に、私は脱力感のためにしばらくは動けなかった。

翌々日の十二月三十一日からはお正月プランの予約客が入ってくる。ほとんど満室の状態で、スタッフは忙しく準備に追われている。

今思うと、拓銀サイドも、自行のことに精一杯でホテルのことまで考えるだけの余裕がなかったのだろう。それに、担当者レベルでは一蓮托生《いちれんたくしょう》というか、自分と一緒につぶれて欲しいという思いもあったのかもしれない。今まで一緒に苦労してきたのだから、同じ墓に入ろうという気持ちもあったのだろう。

年明けには前にもまして、オーナー探しを積極的に進めた。それこそ数えきれないほどの会社を回ったが、ことごとく断られた。ホテルのハードは立派だったが、資産の所有権が複雑だったことと、預託金返還補償付きの会員権が別に一七〇億円あったことが最後までネックになった。気持ちばかりあせり、さしたる成果もないままに、三月十八日の早朝、エイペックスとカレントの二社が札幌地方裁判所に破産の申請を出し事実上倒産した。運営を始めてから十一カ月目のことだった。

三月二十二日には、すべて撤収するようにとの連絡が裁判所から届いた。

近々閉鎖とは言われたものの、私は再三札幌の拓銀の本店まで出向き、事業継続の依頼を続けた。実際には三月まで運営できたのは、拓銀の経営側の配慮があったからだった。拓銀としては、ここまでが精一杯だったのだろう。

しかし現実には、ホテルは運営されていてこそ資産価値があるのに、通常のアパートの場合と同じ感覚でオーナーが倒産するとアパートの居住者を追い出すかのように追い立てられることになったのだ。

実は、三月二十二日にご予約をいただいていた一組のお客様がいた。ハウステンボス時代からおいでいただいているご夫妻で、三月二十二日のご主人の誕生日に、生まれた年のワインをあけてお祝いをするということで、一九四四年産のワインを事前にオーダーされていた。もしかすると、ご予約をお受けできないかもしれないと、宿泊予約担当者から二月中にお断りの電話を入れておいた。

「ぎりぎりまで待ってみます」

とお返事をいただいていたが、とうとうこのご予約に応えることができなかった。

ホテルは、ホテルを愛してくださるお客様がいるから存在できる。せっかくのお客様の気持ちを無にしてしまったのが悔やまれる。

こうして、私は洞爺の丘を降りた。

■迷走のはてに

突然のホテルの閉鎖に、戸惑ったのは従業員も同じだった。

会社としては当面の生活と再就職の斡旋《あっせん》をしなければならないと考え、ＪＲ洞爺駅の駅前に事務所を借り、人事担当者が終日、再就職の相談や支援を行った。ホテルエイペックス洞爺の時代からの従業員もいたし、新しくホテルがオープンするということで以前の仕事をやめてきていた人もいた。家族を抱えている人も多く、とにかく新しい職場を見つける手助けをしなければならない。しかし日本経済の落ち込みは相変わらずで、とりわけ北海道の経済は疲弊しきっており、新しい職場を探すのは至難のわざだった。

ウィンザー・プロジェクトに参加するために、本州での仕事をやめてわざわざ北海道に来たパティシエがいた。彼はプロジェクトの再開を期して、奥さんとともに北海道に残る決心をした。ブーランジュリー（パン職人）の大室雄司や中華料理のシェフ高橋昌弘は、エイペックス時代から勤めていた社員だったが、せっかく手ごたえを感じ始めていたホテル・プロジェクトがこのまま頓挫《とんざ》するのは残念だというので、東京で就職先を探した。

「再開するときには、必ず駆けつけますから」

ウィンザーに籍を残したまま自宅待機を選択する社員もいた。家族のために本州、四国、九州など遠隔地へ転職を決めた人もいた。

ホテルは閉鎖されてしまったが、私には妙な確信があった。ホテル業界の神様が自分にこの仕事のチャンスを与えてくれた。そして邁進《まいしん》し、自分なりの結果は出せたと思う。しかし時流に飲み込まれてしまった。必ず自分がこの結果を見極めることになるだろう、と。

「必ず再び戻ってきます。そのときは必ず」

私はウィンザーの一部社員とともに東京に戻ってきた。

当面やることは、北海道の残務整理と新しいオーナー探し、そして新規の仕事の営業だった。洞爺にオーナーが現れたら再び運営受託したいという思いは常にあったが、すぐにできるかどうかわからない。そうこうしている間にも、事務所の家賃や人件費など固定費はかかる。収入のない会社にとっては、新しいクライアントへのアプローチも大事な仕事だった。

仕事の依頼はないわけではなかった。

たとえば、千葉にある中規模ホテルの運営の依頼が来た。リサーチを行い、コンセプトの提案を行うところまでいったが、結果的に金銭的な面などさまざまの点で折り合いがつかず話は流れてしまった。

ホテルのコンサルタントの依頼は来るのだが、なかなか実現に到達しないのは、時代的な背景も大きかった。一九九七年四月に消費税が三％から五％に引き上げられ、景気の減速に拍車をかけた。日本の一流ホテルでもディスカウントが当たり前になり、有名な超高級ホテルが宿泊割引券を乱発するなど、ブランドおかまいなしの安売りを始めていた。高級ホテルがそういう状態なので、その他のホテル旅館は推して知るべしで壊滅的な打撃をこうむっていた。改装コストをかけてリニューアルするよりも、いっそ閉鎖してしまおうという風潮が一般的になってきていた。運営会社に委託して心機一転、営業してゆこうという企業はほとんどないという状況だった。

会社は逼塞《ひっそく》していった。

一五坪ほどの本社事務所に、洞爺から戻ってきた社員を含めて三〇人近くがひしめくような状況になった。新規の仕事がないために、給料も五％カット、一〇％カットとせざるを得なかった。私も給料返上で営業に歩いていた。しかし、虎ノ門の本社を転居することはしなかった。新しいインテリジェントビルの一五階のオフィスは、家賃と管理費が重い負担となった。

新規の仕事も決まらないままに、会社はいよいよ厳しい状況になってきた。社員のモチベーションを高いままに維持することが困難になっていた。人間というのは残念ながら、どんな状況になっても心を一つにしてやってゆくというのは難しい。まして、目標が見つからないままに、模索している状況での人心掌握は困難を極める。

ある日、出社してみると、ハウステンボス時代からずっと一緒にやってきて、信頼していた社員が突然姿を消していた。何のコメントもなくである。

その後もその社員からは一切連絡がなかった。誰にも何も言わずに、消えてしまったのだ。

それまで、たいていのことでもめげずにやってきたが、これは大変な精神的なインパクトだった。

企業のトップの宿命かもしれない。これも致し方ない。佐《さ》久《く》間《ま》象山《しょうざん》の詩に、次のようなものがある。

謗《そし》る者は　汝《なんじ》の謗るに任す
嗤《わら》う者は　汝の嗤うに任す
天公《てんこう》　本《も》と　我を知る
他人の知るを覓《もと》めず

この詩を心に浮かべて泰然を装った。

ホテルは二十四時間営業なので、マネージャーが見ていないところでどれだけのオペレーションができるかが勝負である。たとえば、夜中の二時にお客様が体調を崩した場合でも、信頼のできるスタッフがいるというだけで「適切な対応をしてくれるにちがいない」と安心することができる。そういう存在がいるホテルが本当にいいホテルと言えるのである。

私はすべての社員に対して、信頼感を持っていた。力を合わせて国際第一級のホテルを運営するために頑張ってきたのだ。

国際第一級というのは、何もむやみに贅沢ということではなく、安心と夢を与えられることであると思う。いつどなたがお客様でいらしても、同じ対応、同じサービスを提供して安心と夢を与えることができるホテルというのが国際第一級なのである。その基本がスタッフだった。

その安心と夢を与える仕事をしてくれたスタッフが、忽然《こつぜん》と消えたのである。

大変なショックだった。

離れていった社員に対して、せめてもっと上手なやめ方ができなかったのかと言いたい。きちんと話してくれれば、自分なりに納得できたと思う。同じ業界で働く者として、再びどこかで出会う可能性は高い。そうなったとき、柱の陰にこそこそ隠れなければならないとしたら、本人にとっても私にとっても不幸なことだ。せめて、きちんと話をしてくれればと思うと、残念でならない。

私は形として自分の会社の代表ではあったが、気持ちはサラリーマン的な社長を目指した。会社に対しても社員に対しても、所有しているという意識を持たないようにしていたし、実際に感じるべきではないと思ったからだ。オーナー社長というのは、会社も社員も自分のものという所有意識が強いものである。私としては、所有しているという意識を持ったら、自分の弱さからたちどころに自分の成長が止まってしまうようで、努めて所有意識を持たないようにしていた。所有するということは、社員も会社も自分のもの感覚になり、甘えてしまうような気がしたのである。たとえば仕事をするうえでも社員に対したときにも、自分が練磨できなくなるのではないかというのが不安でもあったのだ。

私は人生における「充足感」は、やり遂げたときの達成感であると思っている。もし、所有感を持ってしまったら、どうしてもエゴや欲が出てしまい皆で一つのことをやり遂げるという達成感が得られなくなってしまう危険性がある。所有感のせいで、すべての功が自分と、自分の所有するものによってもたらされたと思ってしまったら、所有感が自分の「充足感」の邪魔をするようになってしまう気がする。

私にとって何が幸せかと考えると、自分がどれだけ精神の熟成ができるのかを目指すことである。自分自身が生きていて、そういう「生きざま」そのものがある種の人生の目標になっていける。

ば、それが一番幸せなことのような気がしていた。自分にとっては、それが結果的には一番の財産になる。お金に縛られたり、いろんなことに縛られるということを考えてみると、啓発されるものがたくさんあるように思う。ところが所有感というものは、一度持ってしまうと、啓発されることがなくなってしまうような気がしている。負け惜しみかもしれないが、お金があることは重要だが、お金を所有しようとすればするほど失うものがたくさんあるのだ。しかし困ったもので自らの分限を越えたものも欲しがるのが、人間のような気がする。自分としては、それは避けたい。「ある程度あればいい、ある程度達成されればいい」という、自ら設定した達成感を追いかけることに、それなりの意義を感じていた。

当時を振り返ってみると、所有と達成の「ころあい」というものがあり、そうした中で最低限「夢」をなくすことだけは、避けなければならなかった。

社員の退職はその後も続き、しばらくすると会社は、私を含めて七人になった。その頃には会社の運転資金も本当に底をついていた。売れるものは車も、マンションも、時計も何もかも売った。いよいよ余裕がなくなり、虎ノ門の本社も移転せざるを得なくなった。

新規事業の計画を立て事業用資金の借り入れの申請を行い、なんとか五〇〇〇万円借りることができた。一息ついたところで一九九九年の年末に、赤坂へ移転した。

その頃には、社員は私を含めて五人になっていた。

■ついにオーナー出現

会社が厳しくなるにつれ、私は鏡を見ることが多くなっていた。鏡を見るたび、ため息が出た。

「年取ったな」

これが実感だった。

ハウステンボスに行った頃、新入社員の女性に、

「社長があまりに若いんでビックリしました。それにシャイだし」

と言われてから、まだ十年は経っていないのに、この老け方はどうしたことだろう。


洞爺のオーナーは、一向に決まらず、出口が見えない日々が続いた。

海外のブローカーからの問い合わせはあったのだが、日本のホテル業界の停滞と日本全体の景気の低迷に二の足を踏むのか、なかなか話が進展しなかった。なかには洞爺に視察に訪れるケースもあった。そこでも問題になるのが、クローズしていることだった。オペレーションの状況やキャッシュフローが見えないため、割にリスクが高い物件だと判断されてしまったようだ。

こうしたなか、契約寸前までいった案件があった。

一九九八年の六月頃、パトリオットアメリカという会社から問い合わせがあった。この会社はリート（不動産投信）で有名だった。パトリオットアメリカは、すでにウィンダムという四〇〇

軒ほどのホテルチェーンも所有しており、その展開の一環としてウィンザーと組みたいという話だった。洞爺の物件に対しても評価が高く、契約条件でも折り合いがつきそうな状態になり、「これでいけるぞ」と社内は浮き立った。ところが、思いがけないことが起こった。

アメリカの巨大ヘッジファンドＬＴＣＭ（ロングターム・キャピタル・マネジメント）の崩壊である。ＬＴＣＭは、オプションのプライシング理論でノーベル経済学賞を受賞したロバート・Ｃ・マートンとマーロン・ショールズという二人の経済学者と、ウォール街随一の辣腕《らつわん》トレーダーと言われた、ジョン・メリウェザーが集まって一九九三年に設立されたファンドで、巨額の資金を集め、一時は世界の投資市場の趨勢を左右するまでに強大な力を持つようになっていた。

ところが、一九九八年夏、マートンとショールズの理論が突然機能停止になりヘッジファンドが崩壊した。その衝撃は強大で、世界有数の投資銀行一四行が運命共同体となり、ＬＴＣＭを解体させる間の緩衝材として総額三五億ドルもの資本を提供せざるを得ない状況になった。

ＬＴＣＭ崩壊が原因でロシアが支払い不能に陥り、通貨危機にまで発展するほどだった。これにより、アメリカの経済状況も一気に冷えて、リート市場も急激に冷え込み、資金が還流しなくなり、それがもとでなんとパトリオットアメリカが倒産してしまった。新聞でＬＴＣＭのニュースは読んではいたが、まさかそれが自分の仕事を直撃するとは思わなかった。

また振り出しである。

意識もしていなかった方向から、ミサイルに直撃されたような状況でしばらく呆然《ぼうぜん》としていた。

その後も、アメリカ資本の高級ホテル運営会社との業務提携や鉄道系企業からのアプローチなど、洞爺をめぐる話は出ては消え、出ては消えた。そのたびに膨大なプレゼンテーション資料を用意し、相手の態度に一喜一憂しながら過ごしていた。

「これで、いける。今度は大丈夫だ」

新しいオーナー候補が出るたびに、私は社員にこう言った。何回この言葉を口にしたか知れない。

また、洞爺以外にもホテルの再生やコンサルティングの話は、いくつもやってきた。しかし、私は社員をまとめて引き受けてくれるような条件の話ならば、引き受けたいと考えていたが、実際には社員全員という条件をのんでくれる先はなかった。

モチベーション・マネジメントは一貫した哲学を持ってやってゆかないと難しい。従業員に不信感を持たれることが致命傷になってくる。経営者がぎりぎりまで努力しているところは見せなくてはいけない。ぎりぎりまでの努力をせずにどんどん社員を切ってしまって、自分だけが生き残るというのは人間産業であるホテル運営をやってゆくにあたり絶対に避けなければならないことだったので、私だけが社長やGMで入るという条件の話は受けることはできなかった。

状況が打開しないまま閉塞感《へいそく》が募るなかで、社内に不安が広がっていった。次の波がいつかは来ることはわかっているが、いつ来るかわからないものを待つくらいつらいことはない。誰にもあせりが出てきて、社内の空気がとげとげしくなってくる。何をやってもうまくいかないなかで、「これで、いける。今度は大丈夫」

という言葉を二年以上にわたって何回となく口にした私に対して、もしかすると社員は「夢見るだけの社長」と思い始めていたのかもしれない。

うまくいっているときは、「夢」は人心を掌握するための肥料になる。しかし、逼塞する状況では「夢」は「虚言」に限りなく近くなってゆき、それが社員の心に不安の種をまいていったのだろう。

なんとか事業資金の借り入れができ、赤坂に本社を移転した二〇〇〇年一月頃のことだったと思う。東京三菱銀行のOBの方から、リゾートホテルに興味を持っている企業があるというお話をお聞きした。同じ頃、別件でお目にかかった慶応大学の先輩が、たまたま先方の企業と取引があるというお話をお聞きしたので、ご紹介の労をとっていただくことになった。その相手というのが、総合セキュリティ企業「セコム」の子会社のセコム損害保険株式会社である。

今度はそれほど気負わずにいこう、と決心した。

セコム損保の本社に山中征二社長を訪ね、洞爺の自然環境やホテルや関連施設資料と、北海道における洞爺の必要性、運営にあたってのウィンザーの考え方をお話しした。ホテルに対するアイデアや、どれだけ国際的に通用する一流ホテルが日本に必要か、自分が目指しているホテルとはどんなものかなどを熱心に伝えた。ずっと聞いていた山中氏は、

「とりあえず、飯田最高顧問にお話をしてみましょう」

と言ってくれた。

ほどなく、セコムの飯田亮取締役最高顧問にご報告していただいたようだ。最高顧問は、

「北海道の再生という社会性のあるプロジェクトだし、なかなかおもしろい話なのではないか」

と話してくれたと後にお聞きした。

ホテルが再生すればそれが起爆剤になって、洞爺が、そして北海道が元気になれば意義のあることである。しばらくして、山中社長から現地を視察してもよいというお返事をいただいた。

これだけでも十分だった。

以前は現地を見るとの返事をもらっただけで、「これでいける」と思ったこともあったが、今回は慎重に進めなければならない。少し見えてきた希望の灯が消えないことを願った。

緑が鮮やかな北海道に山中社長をご案内した。七月の初めの頃だったと記憶している。旧エイペックス時代からいる雨堤という営繕《えいぜん》担当者は、心からホテルを愛していた。何としても次の所有者が決まるまではと、施設の管理をほぼ完璧に行っていたのでホテルは閉鎖から三年近く経ってもほとんど元の姿のままだった。

時間が止まってしまったような館内で、どんなホテルを作りたいかを語った。アイデアを話し

ているうちに、頭がいっそう高速回転して次から次へと夢が広がってきた。

「このホテルが目指すのは、東京の人たちがどうしても行きたくなるホテルです。この大自然とハード、そして北海道の食材の素晴らしさにサービスをもってすれば可能です。マーケットの六〇%くらいが東京からになるでしょう。このホテルは、北海道の人たちの再生への願いの象徴のようなものです。絶対にこのまま閉鎖していては、もったいないのです」

私は訴えた。

山中社長は現地のロケーションを一目見て気に入ってくれたようだった。

洞爺の丘から見える洞爺湖や内浦湾、羊蹄山などはいつもの姿で迎えてくれたが、山を降りると洞爺湖温泉をはじめ北海道全体は相変わらず疲弊していた。

東京に戻り改めて事業提案書を提出することになった。

ホテルの運営コンセプトや事業採算性など、運営受託に向けての資料を作成しプレゼンテーションを行うことになった。最初のプレゼンから、何度も追加資料の請求があり、そのたび毎朝八時に訪問し、新しい資料を届け不明な点を補足説明した。

こうした一連のやりとりののち、飯田最高顧問から内諾をいただいたとの連絡があった。

「素晴らしい場所だと聞いている。北海道再生のためには、なんとしてもあのホテル再開が必要だということで、これは意義がある。EQ（emotional quotient＝情動指数）の高いホテル、感性の素晴らしいホテルにして欲しいね」

とのことだった。

飯田最高顧問と初めてお目にかかったのは、契約が済んでからである。最高顧問は堀達也北海道知事とも直接会い、北海道の再生に向けて意見を交換したようだ。また、日本興業銀行の頭取、副頭取といった方々から、私のハウステンボスでの仕事ぶりも聞いていたらしい。初対面のときは、眼光鋭くこちらを見た。

「こいつは本物か？」

とチェックされているような気がした。

今回は、縁があってチャンスの女神が微笑んでくれたのだろう。

飯田最高顧問が社会性に着目しホテル運営にご理解くださったことと、山中社長が間に入って相当ご尽力くださった結果、契約までこぎつけることができたと思っている。

飯田最高顧問と山中社長には本当に感謝している。

セコム損保が洞爺の施設購入の契約をしたのは二〇〇〇年十月のこと、その後弊社と運営委託の契約を行った。

洞爺の買収金額は六〇億円で、セコム損保が一〇〇％子会社の十勝《とかち》アーバンプロパティーズに融資を行い、この会社が購入する形で契約が行われた。

これはホテル再生の大きな一歩であったが、実際に再生するまでにはクリアしなければならない問題が山積していた。

しかし、私は再び洞爺の地に戻ることができるという喜びに、当面の困難などどうということもなかった。

「戻れる！」

しみじみと嬉《うれ》しさがこみあげてきた。

■戻ってきた社員

ホテル再生に向けて走り出した頃、やめていった社員からの連絡が舞い込むようになった。

「いつから、始まるんですか？」

「社員募集はいつから？」

「待っていたんです」

こういった社員の声を聞いたり、懐かしい顔を見るたび、再開が実感として感じられるようになった。

二〇〇一年五月頃のことだったと思う。

一週間ごとに社員が増えてくるので会社が手ぜまになり、会議室が不足して、仕方なく、近くの港区の会館の会議室を借りるようになっていた。

そこに現れたのだ。

いつものようにえくぼが浮かぶ笑顔で、堤田美穂はやってきた。

彼女はハウステンボスのホテルヨーロッパのGROのチーフとして、多くのVIPから信頼されていた社員だった。前回閉鎖される前のウィンザーホテル洞爺にも参加していた。

彼女はウィンザーに籍を残しながら三年も自宅待機をしていた。その間、実家の熊本に戻りアルバイトをしたり、コーネル大学に六カ月の短期留学をして過ごしていたようだ。会議室では、新入社員の自己紹介が始まっていた。堤田の番になったとき、彼女は感極まり大粒の涙をこぼした。

彼女はハウステンボス時代をともに過ごし、久しぶりに再会を果たしたウィンザーホテルきっての優しい顔をした鬼将校。その場にいた取締役営業本部長の田島信典の目の中にも涙が光った。堤田が泣いている。

新人時代からどんなに厳しい研修をしても、涙ひとつ流さなかった根性のある社員だった。勤務しているときは、常に笑顔を絶やさなかった。

私もつられてしまいそうになり、感情が激するのをぐっと我慢した。

ホテルは人間産業である。社員の満足と充足感があってこそ、お客様に満足と本物のリラックスを提供できる。

セコムの飯田最高顧問もおっしゃっていた、「感性の素晴らしいホテル」を作るには、こうした社員の協力が欠かせないのである。

戻ってきた多くの社員のためにも、今度こそいいホテルを作らなければと決意を新たにした。

第二章

人生を決めた出会い

■ホテルマンの喜び

私は図らずもホテルの再開に人生をかけることになったのだが、最初からホテルマンを志したわけではなかった。私がホテルマンになったのは、偶然が重なったせいにほかならない。偶然が幾重にも重なって現在に至っているわけだが、振り返るとものすごく恵まれたホテルマン人生を歩んでこられたものだとつくづく私を育ててくれた先輩諸氏に感謝している。

ホテルマンとしてほぼ三十年が経とうとしているが、素晴らしいホテルを作り上げることは、自分に与えられた仕事であり、そのためには困難が押し寄せようとも逃げることなく立ち向かっていかなければと思っている。といって、悲愴《ひそう》感があるわけではない。ホテルに関してアイデアを考えているのは何とも楽しいものである。

たとえば洞爺湖の周辺では、夜ともなれば満天の星が輝く。特に冬は手を伸ばせば届くのではないかと思えるほど近くに星を見ることができる。北海道の自然は、息を呑《の》むほどに素晴らしい。お客様にこの自然とのふれあいを上手に演出してあげることができたら、これ以上のサービスはないであろう。星を見るためには、二人乗りの車があったほうがいいかもしれない。夏の星座、冬の星座がよくわかるパンフレットを用意しておけば、夜空を見上げるのがもっと楽しくなるに違いない、とサービスのアイデアは無限に広がってゆく。この時間がたまらなく楽しい。

たとえばマラソンランナーが四二・一九五キロをひたすら走っているのを見ると、周囲の人はどうしてあれほど苦しいことをやっているのだろうと思うかもしれない。一人で走るのも大変なのに、他人と競わなければならないのだから、生半可《なまはんか》のことではできない。でも、マラソンランナーにとっては走ることはおそらく苦痛ではなく極上の楽しみに違いない。走っているうちに脳にある種のアドレナリンが分泌されてきて満足感に満たされる。それが、天職というものなのかもしれない。

私にとっても同じこと。ホテルにおけるいろいろなアイデアを考え出し、皆で力を合わせてやり遂げると恍惚《こうこつ》とする瞬間がある。お客様が喜んでくれたのを見るのが嬉《うれ》しいというのは、私にとっては理由の一つにすぎない。お客様に喜んでいただくのはもちろんだが、それだけではなく、こういう工夫をすれば数字が上がってゆくとか、こうやることによってスタッフ全員が一生懸命やるようになるというようなことが達成されるときに、心から喜びを感じる。

■アメリカへの出発

学生時代の私は、ホテルとはまったく無縁の生活をしていた。子供の頃虚弱体質だった私に、父は少林寺拳法を習わせた。大学に入ってからは体育会系の少林寺拳法部に在籍し練習に励んでいたが、あるとき街でささいなケンカをしたことにより退部せざるをえなくなった。いかなる理由があろうとも、部ではケンカはご法度だった。打ち込むものが突然なくなり、私は脱け殻のように何もせずに過ごす毎日が続いた。

慶応大学二年のときに、見かねた立教大学の友人がボブスレーに誘ってくれた。当時は札幌冬季オリンピックを三年後に控え、ウィンタースポーツ選手の補強と強化を行っていた。ボブスレーは技術よりも度胸が勝敗を左右する競技であるという友人の言葉を聞いて、やってみようかという気になった。

練習を始めて、すぐにスピードの魔力にとらわれてしまった。車のスピード感とは違い、ダイレクトに空気が体に刺さる感覚というのは、一度体験するとやみつきになった。もっと速く、もっともっとという欲求のままに、ボブスレーにのめりこんだ。練習を始めて数カ月で初めて出場した関東大会で優勝、さらに一九七〇年三月の全日本選手権でも優勝し、オリンピックの強化選手に選抜されていた。ところが、自分の気持ちに大きな変化があった。ボブスレーをやめようと思ったのである。

実はこれにはきっかけがある。

ボブスレー仲間と銀座を歩いているとき、外国人に道を聞かれた。英語は好きで文章はよく読んでいたのだが、とっさに話しかけられてしどろもどろになりまったく答えられない。何か話そうとするとあせってしまい、ごく簡単な単語さえ出てこなかった。これはショックだった。英文を読んだり、文法を解くのには自信を持っていたので、日常会話さえできない自分に腹が立った。ボブスレーのスピード感は楽しいが、オリンピックが終わったときのことを考えると、また喪失感にかられて脱け殻になるような気がしていた。そこで英語コンプレックスから逃れるためにもアメリカの大学で学び直そうと考え、すぐさまマイアミ大学付属の語学学校に願書を提出した。マイアミを選んだのは、日本人が少ないのではないかと思ったのだが、これは認識が甘かったというのは現地に行ってわかった。

せっかくオリンピックの強化選手に選ばれたのにもったいないと言う友人に対して、

「ボブスレーは思い出にとどめておこうと思うんだ」

と答えると、彼は釈然としない顔をしていた。

こうして日本を飛び出すことになった。マイアミ大学付属の語学学校には、三カ月通った。プレスメントテストという最初の振り分け試験を受けたが、文法でいい点数を取ってしまったせいで、上級コースに編入させられた。最初は相手の言うことも聞き取れないし、喋《しゃべ》るなどとんでもなく、とにかく必死に勉強して、なんとかついてゆけるところまで上達してきた。

三カ月があっという間に過ぎて、次のステップを決める面接を受けることになった。その時点ではまだどの方向に進むか決めていなかった。

「君の進路についてだが、どんな方向に進みたいと思っているのかね」

と面接を担当したジョン・ロジャーズ教授に尋ねられた。まだ明確なイメージは自分の中にはなかったが、

「漠然とですが、人と接する職業がいいと思っているのですが」

すると、教授は大きくうなずいた。

「君はコーネル大学に進学したらどうかね。ホテル経営学部がいいかもしれない。カリキュラムも経営学のほかワインコースに建築学までありユニークだよ。それに、コーネル大学はアイビーリーグの伝統ある大学だ」

若かった私は最後のアイビーリーグという単語に、反応してしまった。日本では当時アイビーファッションが大流行していて、私もアイビーの教科書でもあった「メンズクラブ」という雑誌を買って読んでいた。雑誌では時折アイビーリーグの特集をやっていて、とにかくかっこいいというイメージがあった。VANジャケットの石津謙介社長の息子とボブスレー仲間だったこともあり、アイビーリーグと聞いただけですでに私の頭の中では、濃紺の三つボタンのブレザーに、レジメンタルタイのアイビーファッションに身を包んだ自分を思い描いていた。

■ホテルとの運命的出会い

マイアミでの語学勉強が功を奏して、コーネル大学の筆記試験は難なくクリアしたが、問題は面接だった。

「君は外国人としてはいい成績だし情熱があることも認めるが、ホテルについてまったく知らないというのが問題だ。どこかのホテルで働いた経験はありますか？」

といきなり質問され、面食らった。

コーネル大学のホテル経営学部は、一九二二年（大正十一年）設立の歴史あるホテル経営学部なので、ホテルに対する理解があるか、一定の実務経験を踏んでいることが入学の条件だったのだ。

「不合格か」

私はがっかりした。せっかくのアイビーファッション姿の自分が遠のいてゆくようだった。しかし、

「今回は残念ながら不合格だが、実務を経験したらいつでも受け入れを許可します。コーネルは君を待っているよ」

面接官が笑顔で言った。

「わかりました。実務経験を積んで必ず入学します！」

こうして、いつの間にかホテルマンへの道を歩むことになってしまった。

日本のホテルでの実習希望を出したが、すぐには空きがないという。といってこのままアメリカで何もせずに過ごすわけにはいかなかった。親からは帰国を促す手紙が届いていた。どこか短期で受け入れてくれるところはないだろうかと探したところ、折よくイギリスのロンドン大学経済学部大学院の一年コースが見つかり、マイアミ大学に推薦状を書いてもらい入学することができた。

ロンドン大学経済学部は、ディスカッションが授業の大半を占めていた。学生はアラブ系やインド系の大富豪の子女が多く、ディスカッションでは彼らの金銭感覚や日本人との違いに驚くことばかりだった。英語は日常会話には困らなかったが、授業では経済学の難しい話を英語で討論しなければならない。しかもホテル経営学部に入学しようと決めていたので、経済学の本を読んではディスカッションするという授業は、実学をやりたい私にとっては苦痛だった。

私が下宿したロンドンのブロンプトンスクエアというのは、築四百年くらいの古い家が建ち並ぶ旧市街だった。歴史があり町全体にアカデミックな雰囲気が漂い、勉強せざるを得ない環境だった。当時のロンドンは、ＩＲＡ（アイルランド共和軍）の活動が活発で爆弾テロ騒ぎも各地で起こり危険な雰囲気だった。

私はといえば、学校と下宿の行き帰りを繰り返すだけ。しかも大英帝国的な思想を押し付ける友人に対して反発しているところもあった。狭い道を信号を無視して横断するイギリス人を見るにつけ、

「こんなマナーの悪い国はない」

と妙な正義感を発揮していた。なんとか一年間の課程を修了して帰国した。

一九七二年（昭和四十七年）六月から、やっと帝国ホテルで実習することになった。帝国ホテルではハウスキーピングに配属され、パートタイマーの身分で働いた。客室の掃除を担当する部門である。戸谷良太さんという係長について掃除のいろはを学んだ。

一日目の実習はトイレ掃除だった。

「トイレ掃除はハウスキーピングの基本なんだよ」

戸谷さんはそう言うと、素手で便器を磨きだした。

「ゴム手袋がここにあるんですが、使わないんですか？」

「使ってもいいけれど、ゴム手袋をしていると汚れが本当に落ちたかどうかわからないだろう。指でじかに触って初めて、かすかな汚れも感じ取ることができるんだ」

戸谷さんは便器の中から外まで丁寧にブラシをかけ、雑巾で水滴をぬぐってゆく。トイレを汚いと感じていてはホテルマンにはなれないのだということを、身をもって教えてくれた。そのと

きにしっかりとトイレ掃除の方法を学んだおかげで、今でもトイレ掃除では誰にも負けないという自信がある。

客室の掃除にもプロの技の数々があることを実戦で教えてもらった。

客室に掃除機をかけるときには、まず靴を脱いで後ずさりしながらかける。こうすると、足跡が残らずきれいに掃除機がかけられるというわけだ。壁にかかっている額の後ろや棚の裏まできっちり磨きたてる。こんなところまで掃除するのか、というほど徹底的にきれいにする。客室は商品なので、お客様のために完璧な状態にしておくのが仕事であるというプロの意識をいやというほど実感させられた。

その体験が今でも染み込んでいて、私の部屋のチェックはかなり厳しい。すこしでも汚れているところを見つけたら、最初からすべてやり直しをさせている。このおかげで、ＬＨＷの審査を自信を持って受けることができたのだ。

私の帝国ホテルでの勤務は、午後四時から夜十一時までだった。残りの時間をフランチャイズレストランの勉強をしたいと思い、新宿三越の一階に開店したばかりのマクドナルドで朝七時から午後一時までアルバイトした。マクドナルドではアメリカ企業のマニュアルに関して驚くことばかりだった。

たとえば、シェイクの製造マシンは毎日解体掃除する。機械に前日の残りかすが残っていたら衛生上問題が起こる危険性があるからだ。作ってから一定の時間を経過したポテトやハンバーガーはすべて廃棄するというのは有名だが、それ以外にも品質を常に一定に保つために細かいマニュアルが決められていた。こうしたマニュアルを構築して企業経営を行うアメリカという国に対して、一層憧《あこが》れが強くなっていた。

帝国ホテルで八カ月間一日も休まず働き、帝国ホテルのお墨付きを得て再びコーネル大学の門を叩《たた》いた。こうしてはれてコーネル大学ホテル経営学部に入学を許された。

■アメリカン・ホテル・マネジメント

コーネル大学では、一学年二〇〇人の学生が二五人から三〇人に分かれて講義を受ける。日本人学生も五人ほど在籍していた。

コーネル大学の講義はすべてにわたり合理的でグレーゾーンを許さないところがある。たとえば食肉全般についてのミートサイエンスという授業がある。ここでは食肉を無駄なく使うイールディングという考え方を学ぶ。食肉と蓄現場への見学を行い、現場での宗教儀式を見ることで、大切な生命からうまれた食材だから大切にすべてを使い切るという基本的な考え方を学ぶ。

その後は、肉の脂肪や肉質についての実地研修が行われる。牛肉というと、サーロインかフィレかという具合に、食べる部位がまず浮かぶが、授業ではさらに牛肉の中の脂肪の性質の違いにまで言及する。

「肉の脂肪にはコラジンとエラスティンの二種類があります。コラジンは熱を加えれば解けるので、ステーキとして使えます。でも、エラスティンの方は筋が残る。エラスティンの多い部分というのは、ショルダーです。食味からすると、エラスティンの多い部分をそのままステーキにすると、筋が残ってしまうことになる。だから、こうしてミンチにしたりシチューにすることによって効率よく使うことができます。エラスティンというのは、長時間熱を加えると肉と肉を縛ってくれるので、シチューなどに使うとおいしくなるわけです」

白い帽子と白衣を着て、肉を切り分ける教授の手元を見ながら、肉や脂肪の性質から料理法までを理論的に学んでゆく。

また食在庫の管理から発注、フォーキャスティング(使用量の予測)、ポーションコントロール、伝票の作り方、棚卸のやり方、食材の管理方法といったことをフードコストの面から徹底的に勉強する。

建築学では、ビルの強度を保つためのセメントと砂と水の配合から強度を割り出す計算式とチェック方法を学んだり、断熱材の効果について、部屋の温度を一度上げるのに必要な熱量の計算の仕方までの授業が行われる。

ホテルというと宿泊と料飲がイメージされるが、お客様の二十四時間を三百六十五日お預かりしているので、学ぶべき範囲は大げさではなく生活に関わるすべてに及んでいる。そのためあらゆるジャンルにわたり学んでおかなければ対応ができない。

こうした理工学系の授業のほかに、お客様に対するホスピタリティやクレーム処理についても実習やディスカッション形式で討論を行う。

たとえば、ホテル内のプールで事故が起こってしまった場合、たとえ「責任を負いません」という貼り紙を出していたとしても必ずしもホテル側の責任を回避することはできないことを、裁判所の判決など具体例を挙げながら、その根拠となるところを学ぶ。

あるとき、こんな質問が出された。

「ホテルの前にまいた水が凍り、通行人が滑ってケガをしたとする。この場合、すべてがホテルの責任になるかどうか」

簡単には答えが出せない質問である。

水をまいておかなければ凍ることもないし、それで通行人が滑ることはない。つまり、原因がなければ、ケガという結果が起こるはずもないのだから、ホテルに責任があるということになる。

「ホテルの責任になると思います」

と答えた。しかし授業では、

「通常ならホテルに責任があるということで、答えはあっている。しかし、法律問題としては正解とは言えない。というのも、実際にホテルに責任なしとされた判例もあるのだ」

とそれまでの判例を引いて説明を始める。

たとえば、アトランタでは夏だというのに、前線の通過によって異常に気温が下がり、ホテル前の歩道の打ち水が凍り通行人が滑って骨折をした。この通行人が損害賠償を求めて訴訟を起こしたのだが、判決は原告が敗訴した。なぜか。この場合は氷点下の気温はその時期としては異常で、気象予報も出ていなかったので予測不可能だったというのがその判決の理由である。

「しかし、こういう例は特殊なので、ホテルが常に気をつけていなければならないことは言うまでもない」

担当教授は話をしめくくった。


このような授業が毎日夜十時くらいまで続く。そのうえ宿題がどっさり出るので、コーネル時代の睡眠時間は五時間も取れなかった。コーネル大学は、学内に研修用のホテルを持っており、授業の他に実習も数多くあった。

しかも、どの授業も数字が基本にあり、数字をあげられない経営は何の意味もないということを、徹底的に叩き込まれる。コーネル大学のホテル経営学部は、アメリカン・マネジメントそのもので、MBA(Master of Business Administration＝経営学修士)と酷似していると思う。しかしコーネルの場合は、理科系をベースとしたものなので、バランスのとれた授業がなされていると思う。

私はコーネル大学で、ホテル経営のプロとなるための意識を植え付けられた。厳しいカリキュラムの二年半を終えて、一九七五年六月コーネル大学を卒業することができた。私は二十七歳になっていた。

就職先は、シカゴに本部があるヒルトングループを選んだ。というのも、コーネル大学に入学した年に、ニューヨークのウォルドルフ・アストリアホテルで実地研修を受けており、そのホテルでフランク・シナトラ、ジャクリーヌ・オナシスなど信じられないほどの有名人にお目にかかることができるなど、感動的な体験をしていた。だから、ヒルトンというよりも、ウォルドルフ・アストリアホテルで働きたかったのだ。

■昭和天皇から学んだこと

コーネル大学からヒルトングループには、例年二〇人程度が入社している。しかし、私が卒業した一九七五年はオイルショックの影響で、世界的に不況に陥りその年の採用予定はわずか二人だった。とても受かりそうにない競争率の高さだったが、そこでまたしてもチャンスの女神が微笑んでくれた。その年九月三十日から十月十四日の日程で、昭和天皇がアメリカを訪問される予定になっており、ニューヨークでのご宿泊はウォルドルフ・アストリアと決まっていた。陛下をお迎えするにあたり日本人スタッフが必要であるという事情があり、私が採用されることになった。偶然の僥倖《ぎょうこう》で希望通りにウォルドルフ・アストリアホテルでホテルマンの第一歩を踏み出すことができた。

入社早々から、昭和天皇をお迎えするという大きな仕事を担当させていただくことになった。フランク・ワンゲマン総支配人はもともと親日家だったが、お迎えするにあたりマッカーサー夫人から昭和天皇についていろいろお話を聞いていたようだ。

当時は、日本赤軍がクアラルンプールのアメリカ大使館やスウェーデン大使館を占拠して、大使館員を人質にとるといった事件が頻発《ひんぱつ》していた。こうした事件のため、ニューヨークでは日本人に対する世論に厳しいものがあり、また市民感情にも日本人を敵対視するような雰囲気があった。騒然としたマンハッタンに昭和天皇をお迎えするのである。ウォルドルフ・アストリアでは、各国の元首クラスをお迎えするということは珍しいことではなかったが、時期が時期だけにセキュリティは万全の上にも万全を期さなければならず、私もホテル側の日本人スタッフとして、日本の外務省、大蔵省、通産省と緊密に連絡を取りながら準備を進めていった。

昭和天皇がご滞在の間は、入江相政侍従長のおそばにおつかえした。私が若かったこともあるだろうが、侍従長は時間のあるときなどにお部屋に呼んでくださり、さまざまのお話をしてくださった。

「窪山さん、受け入れは大変ですね。ところで、受け入れるということはどういうことかわかりますか」

背筋のピシッと伸びた威厳のある侍従長に尋ねられた。私は考え込んでしまった。

「受け入れというのは、どうしても人を受け入れることだと思ってしまいがちですが、それは違います。受け入れというのは、文化を受け入れることなのですよ。人それぞれ文化があります。生い立ちとか、その人の考え方も文化です。心地よくお迎えするのは、その人の文化を知って、その文化に対して敬意を表しながら大事にしてあげることが大切なのですよ」

ホテルにはいろいろな国の方がお見えになるので、その国の文化を知ったうえで応対することが本当の意味での接遇だということであろうと理解した。

「お年寄りにはお年寄りの文化、若い人には若い人の文化があり、それをはじくのではなく受け入れながら、溶け込めるところは溶け込むのが大切です。しかし、溶け込めないと思ったら無理をしない。そうやって大事にしてゆくことに、お互いのいたわりが出てくるのだと思います」

入江侍従長は、昭和天皇に対して「お上」という言い方をなさっていた。

「私は、お上からもそういう心構えであたるように言われています」

昭和天皇は、ご朝食にオートミールを召し上がった。日本人のお客様でオートミールがお好きで召し上がる方は少ない。

「お上はいろいろな国の方とお食事をする機会が多いので、できるだけ相手の方を理解するようにしていらっしゃいます。食べ物の好き嫌いは、人の好き嫌いに通じるのでその気持ちを戒めて、嫌いなものをなくすように努力しなければいけない、ということをいつも心がけておられるので頭が下がります」

入江侍従長も、あまりオートミールはお好きではないようだった。

「でも、カルチャーを広くとらえておかなければいけません。個々に文化を持っているのですから、それを否定されるのが一番居心地の悪いことなのですよ」

こうした侍従長のお話には考えさせられ、勉強になることが多かった。

夕食は「稲ぎく」の日本食をお出ししたのだが、陛下のためには必ず二食分ご用意する。入江侍従長が、

「一緒に食べますか？」

と笑いながら勧める。これは形式上の毒見なのだが、いまだに昔からのしきたりが残っているというのには驚いた。

「窪山さんは戦後生まれだから、あまり意識されることはないでしょうが、ぜひ目の中に焼き付けておいてください。一生の思い出になりますよ。歴史を感じる人のそばにいられることは幸せなことです。近寄れるだけおそばに寄ったらいいですよ」

とおっしゃった言葉が忘れられない。昭和天皇のおそばに近づくことはできなかったが、同じ空気の中にいることができたというのは、貴重な体験であるし、素晴らしい思い出として記憶に刻まれている。

ウォルドルフ・アストリアホテルを語るうえで忘れられない思い出がある。

一九七七年七月十三日午後九時三十四分、突然ニューヨークが真っ暗になった。

ブラックアウト――ニューヨーク大停電である。ニューヨークの五分の四にあたる地域が停電して一〇〇〇万人の生活に影響が及んだ。

日ごろは意識していないが、都会というのはほとんどの機能を電気に依存している。明かりだけでなく、水道水をくみ上げるポンプも電気なら、冷暖房も電気、もちろん、テレビも電子レンジもすべて電気がなくては作動しない。

電気のない状態のなかでも、ホテルには宿泊しているお客様がいる。

三〇階のお部屋の宿泊客から水がほしいという要望がはいったら、バックスペースの暗い階段を懐中電灯片手に三〇階まで運んでいかなければならない。

当然レストランでは、暗い厨房《ちゅうぼう》で調理をすることになった。調理場では冷蔵庫が単なる箱になってしまったために、生の食材はやめてハムやベーコンといった日持ちのする食材を使ってのメニューに変更せざるを得なかった。

長い停電に不満を募らせてきたお客様が、フロントにいつになったら電気がつくのか聞いてくる。停電の原因はニューヨーク一帯に電気を供給する発電所の送電線への落雷である。電力会社は近隣の発電所からの送電に切り替えることにしたのだが、わずか十五秒ほど電気がついただけですぐに消えてしまった。市当局に問い合わせても「復旧に努力中」とそっけない答えを繰り返すばかり。というのも、急激な需要が殺到したので別の発電所も麻痺《まひ》してしまったのだ。スタッフはただ頭を下げるしかなかった。

明かりの消えたマンハッタンでは、ローソクを求めて人々が動き回り、普段なら三〇セントで売られているローソクが、一〇ドルという高値になっていた。

街では強盗や略奪、放火が横行し物騒になっていた。

夜がふけてきたときである。正面の玄関からホームレスの集団が入ってきた。彼らも街が暗く物騒になったため、安全なホテルに避難してきたのだろう。薄汚れた洋服のホームレスが、重厚なロビーの絨毯《じゅうたん》の上にどっかりと腰を下ろしてしまった。お客様はあっけに取られて彼らを見ているし、われわれスタッフはといえばどう対応したらいいのかわからずおろおろしていた。

排除するべきか、それともそのままにしておいていいのか。

まずはワンゲマン総支配人に報告し、指示を仰ぐことになった。彼はじっと考え込んでいた。

「ホテル中のロウソクを集めてくれ」

それから思いもかけない言葉を発した。

「彼らに明かりと食事を提供するのだ」

高級ホテルにはおよそ似つかわしくない人たちを追い出さないばかりか、食事を提供するという。

「総支配人、彼らが火事を出したらどうしますか？　スプリンクラーも作動しないのですが」

私は心配になって聞いた。

ワンゲマン総支配人は、私の目を見てゆっくりとした口調で言った。

「暗闇の中で不安な気持ちでいた人間が、明かりと食事を与えられたんだ。そんな人間が火をつけたりするかね。仮にそんなことが起こったら、皆で協力して火を消せばいいんじゃないのかね」

まったく動じることのない総支配人の態度に、人間の大きさを感じた。コーネル大学ではホテルは人を助ける公的な役割を担っていると教わったが、ワンゲマン総支配人はそれを実地で教えてくれた。一瞬で、ホテルを公共の場に変えてしまおうと判断したのは、さすがと言うしかなかった。

十五時間後、電気がついた。

ロビーでも、客室でも、大きな喜びの声があがった。電気があるということが、しみじみ嬉しいと感じた。

ロビーにいたホームレスたちものろのろと立ち上がり、玄関に向かう。一人が振り返り、

「God bless The Waldoorf !」

と右腕を高々とつき上げて出て行った。

停電のさなか、マンハッタンでは強盗や放火などで約二〇〇〇人が逮捕されていた。外はそれほどに物騒だったのだ。

彼らが出て行ったあとは、ロウソクのロウが最高級の絨毯のあちこちに点や小山となって残っ

た。絨毯は張り替えなければとても使えそうにない。思わずため息が出た。

ところが、ハウスキーパーがニューヨーク・タイムズとアイロンを持って続々と集まってきた。ロウの上にニューヨーク・タイムズをのせ、その上からアイロンをかけてゆく。すると、おもしろいようにロウが新聞紙に吸い取られていった。しばらくすると、すべてのロウが吸い取られ、絨毯が元通りになっていた。細かい技術まで教えてくれるコーネル大学でも、さすがにこんなことまでは教えてくれなかった。ハウスキーパーの経験と技術には頭が下がった。

私はワンゲマン氏に、多くのことを教わった。ウォルドルフは全米のホテルのなかで最も格式と伝統を誇るホテルである。一九三一年にホテルは開業した。アメリカ合衆国は大恐慌のまっただなかであった。そのときの大統領フーバーは全米に向けて、ウォルドルフ・アストリアの開業を、アメリカの誇りの象徴としてラジオ演説のなかで祝福した。このホテルがいざとなると公共の施設として即座に開放され、民衆を助ける。我が日本のホテル業は、阪神・淡路大震災のときにどうふるまったのか。結果はまったく正反対であった。

■都市ホテルはリゾートホテルに学べ

ワンゲマン総支配人の言葉で、常に肝に銘じているものがある。

「都市ホテルはリゾートホテルに学べ」

という教えである。

ヨーロッパにおける都市ホテルの成り立ちは、リゾートホテルから生まれている。リゾートホテルが成長して都市ホテルになっているのだ。もともと都市にあったのは、泊まるだけのモーテルが原型で、どこかに仕事に出かけて帰れないから泊まるという旅籠《はたご》のようなものだった。

しかしリゾートホテルは、生い立ちからして楽しむことからできている。したがってリゾートホテルのエッセンスを顕微鏡でのぞくと、「遊び」と書いてあるＤＮＡが見える。しかしモーテルを原型にして出来上がってきた都市ホテルは、顕微鏡で見ると「仕事」というＤＮＡしか見えない。

かつてホテルは「泊まる」ものであったが、現代人がホテルに求めるものは変わってきている。「いいホテルに泊まりたい」と思った瞬間から、「遊び」になっている。空間の「遊び」を求めて泊まろうと思っている。仕事だけで泊まろうという感性ではない。

「人をおもてなしするのがホテルである。人を泊めるのではない。それは百年も前に過ぎた話なのだ」

お客様を楽しませるために泊めるというのが、高級ホテルなのだから、リゾートの要素を中に取り込んでゆく必要がある、これがワンゲマン総支配人が言う真意である。

「泊まる」ためのホテルの提唱者は、アメリカ人のエルズワース・スタットラー（一八六三〜一九二八年）で、生涯で七軒のホテルを開業して近代ホテル業の父と呼ばれている。彼はモーテルを原型に非常に効率のよいホテルを作り上げた。箱型を作り、ベッドとアメリカンスタイルのシャワーとトイレをつけて、快適に泊まれるホテルを追求した。

しかし現代の都市ホテルは、「快適に泊まれる」（ステイ）から「快適に過ごせる」（リビング）ホテルを目指している。日本のホテル業の調子が悪いのは、まだ発想がスタットラーが追求したような「快適に泊まれる」から脱却していないためで、日本の外資系ホテルは「快適に過ごせる」を提唱しているから人気がある。たとえば、最近の都市ホテルはバスルームが大きくなっている。これは限りなくリゾートホテルに近づいているということの証《あかし》である。

「快適に過ごせる」を追求すると対応も変わってくる。都市ホテルの宿泊客は何らかのビジネスの必要があって来ているので、どのお客様もテンションが高くなっている。常に緊張している状態だからこそ、適度にリラックスできるような配慮が必要だというのである。リゾートホテルはお客様をとことんリラックスさせる工夫を随所にしているので、そのエッセンスを都市ホテルの運営に取り入れるべきだというわけである。

たとえば都市ホテルのスタッフは、お客様のテンポに合わせて早口になりがちなので、むしろゆっくりと話すとか、空間を広く感じさせるために、お客様のいないときには椅子はテーブルにしまっておくといった配慮をする。また、食べたいときに食事ができるように、営業時間外でも注文に応じたり、食前酒のシャンパンにイチゴを落とすといったことだけで気分が休まってくるという。相手のカルチャーを尊重するのもリゾート発想なのである。

「小さなことだがそういうことがホテルの付加価値なんだよ。お客様の楽しみを増幅させて、時間を止めてしまうほどのやすらぎを与えることが重要なのだ」

コーネル大学ではいかにコストを削減するかがテーマで、その考え方やテクニックについて学んできた。

「一泊三〇〇ドル取れるホテルというのは、目先の利益を考えているだけでは駄目なんだ。いいホテルというのは、一見無駄でコストがかかるようなソフトの積み重ねの上に成り立っているんだからね」

ウォルドルフ・アストリアホテルでの三年は、最高の実学の場だった。

■失敗の連続と左遷

一九七八年に帰国することになった。

ニューヨーク生活は刺激的でおもしろかったが、以前からホテルニューオータニに誘われていたこともあり、帰国することに決めた。その後ニューオータニには十三年間在籍したが、その間に東京、ホノルル、ロサンゼルス、東京、大阪と勤務地は変わり、いよいよホテルの魅力に取りつかれていった。

しかし、アメリカと日本の会社の労働慣行の違いには戸惑うことも多かった。

最初のカルチャーショックは、入社前に味わった。帰国を前に人事部に所属するセクションや給与を確認する電話を入れたところ、出社してから申し渡すと言われた。これには驚いた。アメリカでは、会社が条件を先に提示したうえで入社するかどうか決めるのが当然だった。なおも食い下がると、待遇だけは教えてくれた。私の頭も欧米化していたせいもあるのだろうが、人事には調子に乗っているのではないか、と誤解されたらしい。

ニューオータニだからということではなく、かつては使う側のほうが強かったので、正社員で採用されるだけありがたく思えというような風潮があった。そういう時代だったのだ。

「窪山さんの場合は、大卒の中途入社ということになりますので、給与は……」

「ちょっと待ってください。ウォルドルフで働いていた経験は、評価の対象にならないんですか?」

「当社は、入社前の経験を評価するシステムはとっていないので、給与は勤続年数によって決まります」

と当然のように言われた。コーネル大学卒業も、ウォルドルフ・アストリアの営業部次長経験もまったく忖度《そんたく》されなかった。

今でこそ日本も能力主義を取り入れる会社も出てきているが、当時は年功序列の終身雇用が当たり前で、ものをいうのは入社年次だった。私の場合は、社会に出たのが人より四年も遅いうえに、アメリカで働いていたので高卒で入社した同年齢の人と比べてもずいぶん給料が低かった。しかも、仕事も通常の新入社員が配属されるのと同じコースをとりあえず回らなくてはならないという。ウォルドルフでの経験を生かすどころの話ではなかった。

ニューオータニで入社早々に配属されたのは、フロントだった。ホテルにとっては宿泊部門というのはキャリアの第一歩として経験する必要があるセクションである。フロントで宿泊の基本を学び、そこから企画や営業職に移ることでキャリアを重ねてゆく。

しかし、ウォルドルフでは、フロント業務は経験がなかった。ウォルドルフでは、宴会営業の担当で、朝八時から深夜二時くらいまで毎日働いていた。宴会は、朝、昼、夜、サパーと深夜一時過ぎまであり、それが終了するのを見届けると二時を回ってしまう。デビュッタント、ハンティング協会の周年パーティー、企業、政治家の会など幅広いジャンルの宴会が目白押しで、目が離せない。当時はちょうど大統領選挙があり、ジェラルド・フォードとジミー・カーターとの激戦の最中で、ウォルドルフ・アストリアの大宴会場は、その大会会場として利用された。しかも、日本と違い、宴会営業はバンケットアナリシスという役割を担っており、顧客、出席者、予算などすべてにわたり分析を行う必要がある。単なる営業ではなく、プランを組み自分でメニューまで書けなければ一人前とは評価されなかった。そこで、新しいグルメ本で料理を見つけると、すぐにシェフに相談に行って作れるかどうかを聞いた。オーケーとなると、さっそく顧客のところに出向いて、新しいメニューでの提案を行った。

そういったハードな仕事をしていたのに比べると、ニューオータニでの仕事はノンビリしていた。しかし、仕事はシフト制でしっかり休みがある。コーネル大学で学んだことも、ウォルドルフで実践したこともまったく日本で生かす機会はなかった。

それでも居心地はよく、それなりに楽しかった。

感激したのが、従業員食堂の充実ぶりだった。ウォルドルフはとにかく、従業員食堂の食事がひどかった。私は次長になっていたので、一応レストランで食事ができたが、たまに従業員食堂で食べると、あまりのひどさにげんなりした。それに比べて、ニューオータニは、カフェテリア方式で、ラーメンやうどんなどもあった。健保組合からは、薬箱が支給されるなど福利厚生もしっかりしていた。

「給料は冷たいけれど、雰囲気はあったかいな」

というのが、当時の感想である、
せっかくアメリカから呼んだのにたいした働きをしないと会社が思ったのか、数カ月目には、夜勤に配置転換されてしまった。

夜勤はおもしろかった。おかげで、そのときに数えきれないほどの友人を得た。

都心の夜のホテルは意外に仕事が多い。

まず深夜十一時を過ぎると、お客様がやってくる。一〇〇〇室近い客室数があるニューオータニなら空いているだろうと思うらしく、多くのお客様がやってくる。この時間は、夜勤の担当者がハウスアカウント（稼働率）をあげるために、一〇〇％稼働を目指す。

「お客様、申し訳ありません。あいにく通常のツインのお部屋は満室で、八万円のスイートでしたらご用意できますが」

若かった頃とはいえ、こうして成績を競ったりしたこともあった。

夜には、酔っ払ったお客様がいたり、体調が悪くなるお客様が出たりなど緊急を要する仕事や対処しなければならないことも多く、やりがいを持って働くことができた。また、夜勤の同僚は同年代でざっくばらんな人が多く、特別視しないで接してくれたので、仕事に行くのが楽しみになった。それでも時折皮肉を言う人もいる。

「アメリカにいたのだから、英語ができるのは当たり前だよ」

こうした言葉には腹が立った。新しく何かやってやろうという気持ちが湧《わ》いてきた。努力しないことには何も始まらないということを態度で示したかった。

そこでフランス語を習おうと決心し、昼は語学学校のアテネ・フランセに通うことにした。夜勤は午後五時から翌朝九時までで、夜勤明けと翌日は休みというシフトである。そこで、月曜日から土曜日の午前十時から十三時のクレディフという一番難しいコースに通った。夜勤明けでアテネ・フランセに飛び込むときはさすがにつらく、眠さと必死に戦いながら何とか一年でクレディフを修了した。

私は何か目標を決めると、それに向かってがむしゃらに突っ走る性格である。これによって助けられることもあったが、これが原因で苦境に立たされたことも多々あった。おそらく持病の痛風もこの性格に起因しているのかもしれない。痛風は贅沢《ぜいたく》病とも言われ、美食家の病気と思われているが、攻撃的でポジティブな人がかかりやすい病気であるという一面も持っている。まさに私の性格は、痛風体質と言ってもよかった。この一年間は体力の限界とストレスとの戦いと言ってもよく、その後ずっとつきあうことになる発作が初めて起こった。痛みで歩行もままならないこともあったが、フランス語を攻略したということは、自分の自信になった。フランス語をマスターしたということで、努力をするタイプであると周囲からも認められるようになった。

それから一年半ほどして、企画室に異動の辞令をもらった。企画室は当時の岡田吉三郎副社長の直属の部署で、社内ではエリートコースと言われていたセクションだった。

ある日、岡田副社長の部屋に呼ばれた。それは新しいホテルの建設にあたっての報告を行うためであった。新人の私は、副社長の部屋に呼ばれて、直接話をするということだけであがっていた。

「ところでこの間の金利の総額はどうなるんだ?」

突然聞かれ計算機を叩いたが、アメリカから持ってきていたドル用の計算機だったため桁《けた》数が足りず計算ができない。もたもたしていたら、突然怒鳴り声が室内に響き渡った。

「暗算もできないのか！」

この雷の一件以来、重要な仕事を任せられることはなくなっていた。

企画室に配属された四月からわずか八カ月目の十二月二十一日、グループのハワイ・カイマナビーチホテルに転属を命じられた。肩書きは、総支配人補佐・料飲部担当だったが、実質左遷のようなものだった。

■ホテルの仕事は向いている！

ハワイに着任するにあたり、担当役員から、

「コンドミニアムでも買ったらどうだ」

と言われたりもした。このときの異動は、ハワイ行きのワンウエイチケットのようなものだった。私はアメリカの外国人永住許可書《グリーンカード》をもっていたので、ハワイでノンビリして場合によっては別の会社に移ってもいいとさえ思っていた。

「なんとかなるさ」

そんな気分でハワイにのりこんだ。

ところが私の着任一週間目に、突然岡田副社長が訪れた。ロサンゼルスのニューオータニの帰りに寄ったということだった。

「君はハワイを楽しみに来たんじゃない。人を楽しませるために来たんだ」

開口一番こう言われ、

「ところで、窪山君。このホテルの経営状態をよくするにはどうしたらいいか、君の意見が聞きたいのだが」

一週間の間に自分なりに分析をしていたこともあり、経理面の改善とF&B（料理・飲料）部門の強化が必要であると報告した。これを聞いたうえで、副社長は二つの課題を残していった。ホテルの節税対策と、長年会社に尽くしてくれた社員の年金システム作りである。このホテルは大手製鉄会社から運営をひきついだもので、従業員は日系二世が多かった。苦労してきた世代だったので、なんとか年金のシステムを整備したいという意向があったようだ。

ホテルはそのときまでは経費削減策をとり、何とか費用をきりつめ利益を確保しようと努力していた。その結果、業績が好転しつつあったのだが、今度は節税対策をとらねば、利益の多くを失う懸念《けねん》があった。岡田副社長は、ホテルの付加価値を高めながら、従業員のモチベーションを上げることを最大の懸案としたのだ。

ここは小さなホテルで、レストランが二階にあった。もともとは九階にあったらしいが、私が着任したときには二階に移っていた。それもかなり前のことで、和室の畳は毛羽立ち、縁《へり》は擦り切れていたし、食器もだいぶ使い込んで黄ばんだ感じになっていた。すべてが古くなっていたのだ。日本料理は器で食べさせるというのに、肝心の器がひどくては料理もおいしそうには見えない。誰が畳の擦り切れたところで、再び食事をしたいと思うだろうか。料飲施設の活性化のためには付加価値をつけて、お客様に満足していただかなければ意味がない。

料飲部門の活性化のためには、畳も食器もすべて新しいものに取り替えることが必要だと考えた。総支配人のジャック・フット氏に進言した。彼は畳と食器の取り替えの経費を計上したうえで、期末での利益が減って本社への配当が少なくなることを心配した。

ジャック・フット総支配人は無類のしまり屋で知られていた。しかしとても優しく愛嬌《あいきょう》のある人であった。あるとき、ごみ箱の中から大形ネズミ用の使い捨て捕獲器をつまみ上げて言った。

「どうしてこんなものを捨てるんだ！」

「大きなネズミが一匹かかっているので」

と担当者が答えた。すると、

「ネズミだけ取ってしまえば、まだ使えるのになあ」

一事が万事、この通りだった。

しかし私は諦《あきら》めずに、畳も食器も営業上必要な経費と認められ法人税が安くなることと、購入した物品は資産になることで説得した。

「経費を削って税金を多く払うよりは、必要な品物は購入したほうがいいというのが日本の本社の考え方です」

と付け加えると、総支配人はしぶしぶ納得してくれた。

問題は、年金システムである。

年金プランについては、最初は気楽に考えていた。生命保険会社が代行しているケースも多いことから、どこかの会社のモデルプランを参考に作ればできるのではないかと考えていたが、調べてみると意外に難しい。会社には中高年から若い人までさまざまの年齢の社員がいるが、中高年にシフトした年金システムにすると、長年働いていないともらえないことになり、若い人が興味を持たなくなってしまう。そこで長く勤めてほしい若い社員には、インセンティブ（報奨）をつけることで、他の会社への移籍を引き止める必要がある。年齢に関係なく誰にでも都合がよく、しかも会社にも従業員にもいいシステムでなければいけないという命題をクリアする必要があった。

当時ホテルの年金システムは、マリオットホテルが一番よく機能していると言われていた。そこで、マリオットのシステムをすべて解読して、問題点といい点を洗い出し、いい点だけを残し、問題点を改善するという方法で半年足らずで新しい年金システムを作り上げた。

まず年金を運用するにあたり、いくらファンドとして会社が資金を拠出する必要があるかを計算し、会社としては利益が出たときに拠出すればいいようにした。当時アメリカは金利が高かったので、十年か二十年そのままの高利率で運用できるような仕組みを組んだ。利益が出たときのみファンド枠を広げるように組んだので、利益が少ないときには狭くするような伸縮自在のファンド枠に作り上げた。これは節税にもリンクしてくる。またファンドの利率を多くして、利息の配分をコントロールした。そのうえで運用するときに利率の高い状態に持ち込まなければならない。

やめてほしくない若い社員にも魅力的なシステムにするために、インセンティブが増えてゆく方法をとり、利益の配分構成で中途退職すると、その時点で急激に支給額が低くなるような仕組みを作った。たとえば三年働いて四年目にやめるとすると、事前に仮配分された分を返さなければならない仕組みになる。三年働いた時点で、どれくらいになっているか目安はわかる。一〇〇万円の支給額のうち二〇万円は仮配分されている。今やめたら一〇万円になってしまうが、あと二、三年働くと年金は二倍になるという仕組みである。

完成した年金システムの許可をとろうと、本社に送った。すべて英文で、三〇〇ページにもなり五センチはあろうかという厚さの膨大なものだった。さっそく担当者からは、あまりに難しくて解読できないと連絡があった。ただちに本社に行ってシステムについて解説を行うと、なんとか理解してもらうことができた。

年金システムが完成して、皆のためになったと実感できると無上の喜びを感じた。誰かのために何かをやってあげて、達成されたときの満足感は何物にも代えられない。その感覚を味わいたいがために、自分に困難を強《し》いているようなところがないわけでもない、まさにそんな感じなのだ。

ハワイの思い出としては、「みやこ」という和食レストランのモーター事件も印象深い。レストランにはテル子さんという中年のマネージャーがいた。彼女にとって私は息子のような年齢のせいか、おにぎりを作ってもらったりとかわいがってもらった。

あるときテル子さんが、厨房が暑いと騒いでいる。厨房に行ってみると、確かに暑い。部屋の大半を占めるような大きなエアコンモーターが作動していたが、それ一つではとても暑くてたまらないからもう一台取り付けてほしいという。

そこで私は、設計図を取り寄せてエアフローを調べてみた。エアがどういう方向に吹いてどういう循環をしているかを調べ、その後で全館のBTU（ブリティッシュ・サーマル・ユニット）という熱量を計算してみた。すると、九階から二階にレストランを移動させた際に、エアコンのエアフローを設計していなかったことが判明した。厨房のモーターはエアフローを逆におさえていたのだ。

私は、すぐにモーターを取り外して捨ててしまった。

この事情を知らないテル子さんが厨房に行き、モーターが外されているのを知って驚いた。

「どういうことなの！」

とかんかんになって怒鳴り込んできた。

「テル子さん、落ち着いてください。料理長に聞いてみてくださいよ。絶対に涼しくなっているはずだから」

私の説明を聞いても納得いかないようだったが、とにかく厨房に行ってもらった。調理場の人からは、

「いやー、涼しくなりました、ありがとうございます」

と感謝された。

「やった！」

ほんの少しガッツポーズしたい気分だった。

暑いと聞いた瞬間に、暑さの原因をモーターに集約させることなく、館内全体の問題としてとらえて問題を解決できた。意識もしないでエアフローを調べようと思ったことからすると、どうも自分はホテルの仕事が向いているらしい。こうした小さなことの積み重ねを体験するうちに、自分にとってホテルマンは向いているかもしれないと思えるようになっていった。

■一カ月二万ドルの利益を出せ！

岡田副社長の二つの命題をクリアした頃だから、一九八〇年六月だったと思う。ロサンゼルスのニューオータニへの異動の内示があった。ここでも肩書きは総支配人補佐で料飲部門担当で、ハワイと肩書きは同じだったが、今度は栄転だった。しかし、ロスに着任してみると席がなかっ

た。総支配人補佐は私を含めて三人だったが、東京での私のおちこぼれぶりしか伝わっていないせいか、まったく期待もされていなかった。

すでに岡田副社長からは、命題が与えられていた。

日本食レストラン「千羽鶴」をロスの一番店にしたいということだった。この店は、上半期の利益が五〇〇〇ドルしか出ていなかった。

「利益を二万ドルに上げてくれないか」

半年で二万ドルなら、わけなくできそうだった。

「窪山君、一カ月で二万ドルだよ」

「えっ、一カ月ですか」

半年で五〇〇〇ドルの利益の店を、一カ月二万ドルの利益が出る店にしろという。何から手をつけていったらいいのか。

店をよく観察したところ、レストランの総料理長にまったくリーダーシップがなく、スタッフが勝手な動きをしていることがわかった。対応策として、まず副料理長を料理長に昇格させて全体の意思統一を図れるようにした。副料理長は人望があるとは言えなかったが、何しろエネルギーにあふれていた。このエネルギーで全体を引っ張っていこうと考えた。

新しい料理長にメニューの改革を依頼した。メニューが多くバラエティに富んでいないと楽しみがない。料理に楽しみがないとリピーターは増えないので、いかに豊富なメニューを用意するかがポイントだった。コストを押さえるために、食材は共通でも目先を変えることでメニューを増やすという工夫も必要だった。また、売上増を図るにはアルコールの注文を増やす必要があるので、つまみになるオードブルのメニューを増やすことにした。

また、接客の担当者に対しては最初に、

「お飲み物はいかがですか」

と積極的にお尋ねするように指導した。ただ注文を聞くだけでなく、話しかけることでお客様とのコミュニケーションもとれるようになるので、一石二鳥だった。

「千羽鶴」は、サンデーブランチが有名だった。七ドル程度の安い値段で食べ放題のため、近隣に住むヒスパニック系の人たちも大勢やってきていた。値段が安いため数ははけるが、利益が思うように上がっていなかった。そこで、私は一カ月ごとに二倍の料金にしてゆき、三カ月後には二〇ドルの料金にしてしまった。利用客は減少したが売上はかえってのびたうえに、一般のランチのお客様とリンクするようになった。

また日本食レストランの雰囲気を盛り上げるために、現地の日系人の、お琴の教室と交渉して、金、土、日の三日間、店内でお琴の生演奏も行った。こうした積み重ねが功を奏して、わずか一カ月で月に一万三〇〇〇ドルの利益を生み出せるようになっていた。

しかし、経理をはじめ周囲の人は信じてくれなかった。

「よーしそれなら」

と翌月は一万二〇〇〇ドル、その翌月には一万五〇〇〇ドルとコンスタントに一万ドルをクリアしてやっと認めさせることができた。

■岡田吉三郎氏から学んだこと

ロサンゼルスでの実績をもち、ついに再び東京に戻ることになった。マーケティングの担当である。

私はニューオータニ時代、節目節目で大きな仕事をさせてもらっている。帰国したのは開業二十周年にあたる年で、ニューオータニは食文化の提供を柱に四百年の歴史を誇るパリの三ツ星レストラン「トゥールダルジャン」の東京支店を開店することになった。私はその広報、広告、販売促進、顧客管理などすべてのマーケティングを担当することになった。

「トゥールダルジャン」と言っても知る人ぞ知るという名店で、日本での知名度は高いとは言えなかった。知名度を上げるのが先決だった。知名度を上げるためにインパクトのある媒体を探したところ、やはりテレビが一番である。そこで、知り合いの紹介でNHKの池田ディレクターに会いにゆき、店の特徴を訴え取材を要請した。訪問回数は十数回にも及んだが、熱意を感じ取ってくれたのかオンエアが決まった。

「トゥールダルジャン」は、お客様に提供した鴨《かも》に番号をふって記録しておくほどのこだわりのある店という内容で、全国に二十分間放映された。これが日本のグルメブームのスタートとなった。

問題は価格だった。いくらに設定すればいいか悩んだ。

当時の東京の高級フランス料理店「マキシム・ド・パリ」や「レカン」などの平均価格は一万五〇〇〇円だった。しかし、それよりも高く設定しなければ採算はとれない。ならば、一万八〇〇〇円か、二万円か、と考えたが、最終的にホテルのF＆Bの頂点として最高級を目指すべきであるとの結論に達した。

価格は、最低三万円とした。投資額から考えても、この値段でもぎりぎりだった。

「本当に三万円という値段でお客様が来るのか」

内心、心配している上司はいたのかもしれない。東京の高級レストランの二倍の値段である。しかし、私は自信があった。頑固にこの値段にこだわり、下げることは考えもしなかった。

高級レストランのマーケット層は薄いが、ブームを作ればお客様は来るという信念を持ってつけた価格だった。値段にふさわしく、鴨を置くイタリア特注の大理石カウンターを店の目立つところに設置した。絶対にいけるはずだ！

こうして開店の日を迎えた。初日から政財界をはじめ、芦田淳さん、森英恵さんなどのファッション業界や芸能界の方などにおいでいただき、しばらくは予約が取れない日が続き大盛況だった。

この仕事を通じて、最高級フランス料理というのは、単なるレストランではなく、社交そのものの場であることを学んだ。

私がこうして節目節目に大きな仕事をさせてもらえたのも、岡田副社長に何度か引き上げてもらったおかげだと感謝している。

岡田さんからいろいろと示唆に富むお話をお聞きしたが、ホテルの真髄にせまる今でも忘れられないお話がある。

「連泊されているお客様のお部屋の椅子が、定位置からずれていたとしよう。そんなときは客室係はその椅子を定位置に戻してはいけない。お客様はその位置が使いやすいから移動させたのだから、絶対に戻してはいけない」

お客様が何日間かホテルに泊まる場合は、客室はそのお客様にとって自宅と同じである。自宅にいるときは、自分の使いやすいように家具を動かす。たとえ客室係といっても部外者だから、その部屋の雰囲気を壊してはいけないというわけだ。人はどこに行っても自宅にいるように、くつろげる場所を確保しようとするわけで、本当にいいホテルというのはたとえ一泊だとしてもお客様にとって最高の空間であるべきだということを教えてくださったのだと思う。

ホテルを運営するときにはこの言葉を、いつも反芻《はんすう》している。

■大阪ホテル戦争

この後私は、一九九六年に開業したばかりのニューオータニ大阪に営業部支配人として赴任した。大阪では宴会営業誘致を積極的に行った。会社を回り四季報を見て、周年にあたっていないか調べる。企業の上場、社長交代などいかに早く情報をキャッチできるかを考えながら、営業を行っていた。

あるとき、慶応大学の先輩のある銀行の役員から、

「世界金融会議（ＩＭＣ）は、おいかけているの？」

と聞かれた。当時私は「世界金融会議」など意識したこともなく、それが大阪で開催されるということを知らなかった。この先輩にはそれまでにも何かと情報や適切なアドバイスをいただいていたのでさっそく調べてみたところ、ホテルニューオータニ大阪の営業戦略上きわめて重要な会議であることがわかった。

世界金融会議というのは、〝民間版ＩＭＦ(国際通貨基金)〟と言われており、毎年アメリカ銀行協会が主催して、各国の銀行の首脳や金融関係者などを集めて、世界経済、金融政策について意見を交換するもので、報道陣をシャットアウトして行われる世界の金融情勢を左右するほど重要な会議である。

会議は、アメリカで行われた翌年は他の国で開催され、またアメリカでという具合に一年ごと

に開催地が移動する。当時からさかのぼること二十年ほど前に、ホテルオークラがメイン会場として使用されたことがあった。この会議でメイン会場になってからというもの、ホテルオークラの伝統が始まったと言われている。実はホテルオークラが、アメリカの金融経済誌「インスティテューショナル・インベスター」（略称「II」）が、毎年発表する恒例の世界のホテルランキングで、世界第二位になったことがある。この「インスティテューショナル・インベスター」のホテルランキングは、世界をまたにかける国際的な金融ビジネスマンが採点、順位を決めるもので、グルメガイドブックのミシュランのようなもので権威と格式がある。つまり世界金融会議の会場になるということは、世界の金融ビジネスマンに認知されることで、ホテルにとってはきわめて重要なことなのである。

ニューオータニは大阪新参組であり、なんとしても会場に選定され名声を上げる必要があった。しかし、タイミングはギリギリだった。その年一九八八年は、シカゴで開催され、翌年はスペインのマドリッド、そしてアメリカで開催された後が大阪である。スペインでの会議のときに、大阪の会場が発表されることになっていた。正味一年しか時間がない。

甲田浩大阪総支配人は、国際金融会議獲得を戦略的位置付けとして、体制を組んでいった。しかし、実際にはかなり条件は不利である。大阪開催を提唱していたのは、当時の住友銀行の重鎮高橋忠介氏であり、住友銀行を中心として準備が進められようとしていた。会場についても、住友銀行の関連会社である大阪ロイヤルホテルということが、暗黙の了解事項になっているところがあった。

なんとしても、ひっくりかえさなければならない。

獲得のためには、住友銀行がどこまでアメリカ銀行協会（ＡＢＡ）に入り込んでいるかということと、国際金融会議ではホテルに何を求めているかを早急に調べる必要がある。そこで、私は現地で情報収集をしようと、アメリカへ飛んだ。その年の開催地シカゴの会場は、新しくオープンしたばかりのフェアモントホテルだった。そこで、サンフランシスコのフェアモントホテルの本社に、リチャード・スウィグ社長を訪ねた。

「国際金融会議についてお伺いしたいことがあります。今年のシカゴに限らず、フェアモントホテルは何度か会場に選ばれていますが、どこが選定のポイントなのでしょうか？」

私はストレートに尋ねてみた。社長は、それまでの資料をすべて見せてくれただけでなく、シカゴの総支配人と宴会部長を紹介してくれた。

ポイントは、コンフィデンシャリティ（秘匿性）だという。

セキュリティはもちろん、情報が外にもれないようなしっかりした情報管理、人の出入りを確実に管理できること、こうしたことがすべて守られることが会場に選定されるポイントだった。

同時に私は、アメリカ銀行協会の担当者に面談を求めた。しかし、

「インスペクションを行うので、事前には会えない」

と頑なである。何度も通ってようやく一、二分話をすることができた。

「今は話ができないが、会議のあとでワシントンのオフィスでなら会ってもいい」

という約束を取り付けることができた。その後情報収集したところ、かなり住友銀行が動いていることがわかった。

そこで、ワシントンのオフィスで私が訴えたのは、一つのことだけである。

「会場選定については、住友銀行からの要請があるようですが、インスペクションの前に動くのはフェアじゃありません」

インスペクションは、四カ月後に迫っていた。ニューオータニが最初でそれからロイヤルホテルの順であった。しかもインスペクションの委員に住友銀行の担当者がはいっている。どうしても情報が相手側に流れてしまう可能性があった。

嫌な予感がする。

そこで私は一計を案じた。膨大な資料を英文で作り、しかもそれを印刷・製本した。アメリカ式のプレゼンテーション以上に綿密に作った資料であることをアピールしたのだ。現在はパソコンがあるので簡単にカラーの資料を作ることができるが、当時はワープロさえも普及していなかったので、六〇万円の費用と一カ月近い制作日数がかかっていた。ハード的にはスイートルームが足りなかったので、二つの部屋をつなげてスイートルームを二〇部屋ほど増やした。これで世界の金融ビジネスマンが宿泊できる態勢が整った。

案の定、すべての情報は住友側からロイヤルホテルに流れていたようだった。まさに住友銀行とロイヤルホテルの小松社長の連合軍対、ホテルニューオータニのホテル戦争そのものであったが、当時の関西の雄ロイヤルホテルは、こういった戦いには不慣れであった。

しかしアメリカ銀行協会の担当者は、住友銀行の動きに不快感を感じ始めていたようだ。銀行が動けば動くほど、「フェアではない」と感じる担当者も出てきていた。

翌年の三月、マドリッドで国際金融会議が開催された。その席上で、

「おめでとう！　大阪のメイン会場はホテルニューオータニ大阪に決定しました」

と発表された。

このときの達成感は、今思い出しても震えが来るほどだ。これで、念願のＬＨＷの加盟も当確したのも同然である。はたして、その後ほどなくしてＬＨＷに加盟することができた。

国際金融会議は、一九九一年六月二日から五日までが開催された。これを機会に、ホテルニューオータニの名前は世界に飛翔することになった。

■目の前に現れた新しい扉

ニューオータニで働いているときは、まさか他に移ることはないだろうと思っていた。仕事は

おもしろかったし、何より毎日いろいろな問題やクリアすべき目標があったので、それに立ち向かっているだけで時間が過ぎていった。もちろん、ニューオータニに不満がなかったわけではない。むしろ当時の大谷和彦社長、甲田浩専務にはずいぶんとお世話になりご指導いただいたと感謝している。しかし何か新しいことへのチャレンジがしてみたくなり、アメリカのマサチューセッツ工科大学のＭＢＡ取得のために自費留学を会社に願い出た。というのもホテルにレスター・サロー教授がたまたま宿泊し、彼からコンピュータサイエンスの情報を聞いて興味がわいたのである。会社側の反応は消極的だった。

そんなとき、ヒルトングループから誘われた。東京ベイヒルトンの副総支配人にならないかという話である。ヒルトンといえばホテルマンとしてのスタートを飾った会社であり、外資系なので実力主義の評価システムを採用しているため、少なくとも日本の企業よりは待遇・条件ともによかった。誘われたということは、自分を評価してもらったことだから、流れに乗ってみてもいいかもしれない。こうして私はヒルトンに移ることになった。

ベイヒルトンにはドイツ人のフォルクマー・ルーベル氏が総支配人としていらした。私は日本人スタッフのトップである副総支配人というポジションで、東京ベイヒルトンへ移籍した。東京ディズニーランドに隣接しているのでディズニーランドのお客様が多いが、園外なのである程度の独自性は保てるというロケーションのホテルである。

着任して館内を歩いてみて気づいたことがあった。日本でありながらそこは外国だった。支配人は気になるところがあると、スタッフに英語で質問する。英語が得意なスタッフは支配人とのコミュニケーションがうまくいっていたが、英語が不得意なスタッフはたとえ能力があってもそれほど評価されていなかった。適材適所で人材を生かせていないというのが、私の印象だった。

そこで、まずは厨房や客室係などのセクションを積極的に回って話を聞いてみることにした。しかしそれが、総支配人には、自分の知らないところで窪山が勝手な動きをしていると勘違いされたところもあった。そこで、できるだけ英語を使い何をしているか彼にもわかるように配慮するなど、調整を取りながら進めていった。

「ヒルトンにはヒルトンのやり方がある」

という総支配人の言葉をかりるまでもなく、外資特有で数字に対する要求は厳しかった。ベイヒルトン時代に、テレビドラマ「ホテル」（ＴＢＳ系）のロケを導入したり、レストランの改革とフェアを積極的に行うことで営業収益が飛躍的に向上した。

しかし、一九九〇年の夏頃、再び次の扉が目の前に現れたのである。

翌々年の三月、長崎県佐世保《させぼ》市に、園内にホテルを持つ日本初の滞在型テーマパーク「ハウステンボス」がオープンするという。そのホテルの運営会社の社長をやってもらえないかという話だった。計画を熱心に語るその人は、地元の村役場の助役から身を起こし長崎オランダ村を建設し成功させていた。今度はもっと大きなプロジェクトを始めるという。その情熱と「千年の街」を作るという構想に圧倒された。プロジェクトの推進役の神近義邦さんは、年間売上高一兆円を超える企業三〇社を含む八〇社の協力を取り付けていくうちに、園内に日本を代表する最高級ホテルを作らなければならないという思いが募っていったようだ。

ホテル業界に詳しい方からの紹介で何人かのホテルマンに会っていたようで、私もそのうちの一人だった。私なりに高級ホテルに対する考えを述べたが、それは一般論でありそのまま移籍への意思表示ではなかった。とにかく計画の概要を見るために、現地へ来てほしいと要請されたままその日は別れた。

紹介してくれた方の説得と、新しいプロジェクトを見るのもおもしろいかもしれないという生来の好奇心も手伝って、とりあえず長崎へ出かけてみることにした。

長崎空港は大村湾に突き出した海上空港である。もともと私は福岡出身で、九州は懐かしい土地である。初冬とはいえ、太陽の光は十分に力強く、波おだやかな大村湾を照らしていた。

工事現場は空港から大村湾沿いに車で五十分ほど走った佐世保市のはずれにあった。すでに工事は始まっており、木造家屋が点在する日本の典型的な田舎の風景に割り込むように、レンガ造りの巨大な塔や西洋風の建物が目に飛び込んできた。

ヨーロッパの街が生まれようとしている。

私は想像を絶する光景に心を奪われた。ヨーロッパのグランドホテルを思わせる外観の「ホテルヨーロッパ」の壁にレンガを張る工事が始まっていた。次第に出来上がってくるホテルが、自分を呼んでいるような気がした。

現地へ足を運び、説得されているうちに、自分の中に新しいホテルの姿がだんだんと出来上がってくるようになっていた。今まではすでに存在しているホテルを改善することで、自分の目指す方向に持っていった。しかし、今度はゼロからのスタートである。

まっさらなところへコンセプトを立て、それを現実のものにしてゆくという魅力的な誘惑にぐいぐい引っ張られていく。

私は思い切って扉を開いた。

一九九一年一月十五日、私はハウステンボスのホテル運営会社である株式会社ＮＨＶホテルズインターナショナルの代表取締役社長となった。あと二カ月で四十二歳の誕生日を迎えようという年だった。

私は昔から、二十代は自分のために使っていい、三十代は人のためにやりはじめなければならない、四十代は家族のためにも何らかのポジションをとらなければならない、そして五十代になったら世俗のしがらみから外れて一生涯のうちに一つくらいは社会に貢献するようなことを考えたほうがいいと思っていた。

四十代になり雇われとはいえ社長というポジションにつくのは、意味があることではないかとも思った。ホテルマンとして働いてきて、ホテルを一から作り上げるチャンスをいただいたことだけでも、幸せと思わなければならない。
最高のホテルを作ってみようと、単身佐世保に移り住んだ。

第三章

企業を活性化させる人間戦略

■ホテルは人に始まり人で完成する

ハウステンボスでは初めて社長というポジションについたが、当時はまさに暗中模索の毎日だったと言っていい。

佐世保市内から車で二十分のところに、ハウステンボスの予定地はあった。工事現場のそばには、プレハブの二階建ての事務所が建っている。薄い板が張られた床は、革靴で歩くとぼこぼこと大きな音がする。カーテンのない窓も多く、西日が当たりスチール製のロッカーの上に置いておいた書類やファックス用紙がすぐに黄色くなって丸まった。しかし、このプレハブこそが最高のホテルを運営する予定の会社のオフィスなのである。

当初私は住宅の準備が間に合わなかったので、近くのラブホテルを宿舎としてホテルのコンセプト作りや開業までの準備を行っていた。高級ホテルを作るという漠然としたイメージは伝えられていたが、それがどれくらいのレベルでどういうオペレーションにしたらいいかを考えるのが、私の最初の仕事だった。

着任から二カ月ちょっと経った一九九一年四月一日、新入社員の入社式を迎えることになった。

入社式と書かれたベニヤ板に白やピンクのちり紙で作った花を貼り付けたいかにもわびしい式だった。しかも最初の年はハウステンボスとの一括採用だったので、新入社員は入社するその日まで自分がどこに配属されるかわからないという状態で、突然ホテルに配属されたために浮かない顔をしている社員も数多くいた。ホテルには二五〇人の新入社員が入ってきた。

入社式の日の午後、人事担当者がやってきた。新入社員の二人の女性が、やめたいと言っているがどう対応したらいいかというものだった。

入社式のその日にやめたいというのは問題である。理由を聞くために二人を社長室に呼んだ。

「私は、テーマパークに就職というので、おもしろそうだと思ってきたのです。でもホテルに配属だなんて話が違います」

彼女たちが訴えた。

それが、今回の洞爺のプロジェクトにも再び参加してくれることになる堤田美穂との出会いである。彼女は熊本出身だったが、高校のときから長崎で寮生活を送っており、活水女子大学を卒業していた。そしてもう一人は、長崎大学を卒業した女性だった。二人ともハウステンボスに入社したつもりが、ホテルに配属されていた。

「就職の面接のときに聞いていた条件とかなり違っているし、だからやめたいんです」

条件をすべて認めることで話がついて、二人とも社員として働くことになった。

堤田は、いつも自然と笑っているような柔らかい雰囲気が印象的だった。後に堤田が、私に言ったことがある。

「私、入社する気はなかったのですが、社長が一流のホテルを作れば、一流の人に会えるよっておっしゃったので、その一言でおもしろそうだからやってみようかと思ったんですよ」

まったくホテルの経験のない卒業したての女子大生が、一年後にはホテルヨーロッパのＧＲＯ（ゲスト・リレーションズ・オフィサー）としてＶＩＰや財界の大物経営者をはじめ多くのお客様のファンを増やしていくようになろうとは、誰が想像したであろう。

しかし、新入社員のなかには生まれてこの方一度もホテルに行ったことがないという社員もいた。ホテルというものを知らない人間にホテルマンがつとまるだろうか、という不安が常に頭の中にあって離れなかった。

私はハウステンボスに骨を埋めるつもりで、ハウステンボスの近くに住居を借りた。早朝から深夜まで働いているので、ほとんど寝るだけという住宅であったが、だからといって何もないというのは気持ちが殺伐としてしまう。いつでも読めるように大量の本と、生き生きとしたグリーンの鉢植えと食卓の花だけは切らさないようにした。しかし、花では癒されないほどに、問題が山積して寝付けない日々が続いていた。なかでも社員の問題は、大きな悩みだった。

あるとき車を運転していると、制服姿の女子中学生が横断をするために道の傍らに立ち手を上げていた。私が車を止めて通してあげると、彼女はこちらに向かってにっこり笑って頭を下げたのだ。私もつられて笑顔を返していた。

「これだ！」

私は心のつかえがおりてゆくように感じた。

停止してくれた車に対して、自然に笑顔でお礼をするという風土に生まれ育った人たちが入社したのである、この礼儀と感性さえあれば素晴らしいサービスが提供できる。練習したのでもなければ、強制されたのでもない、礼儀と感性、そして自然な笑顔を持ち合わせていれば、うまくいくと確信を持つことができたのである。

笑顔には不思議なパワーがあると思う。

たとえば小さな赤ちゃんが無邪気に笑うと、大の大人が顔をほころばせて自然とあやしてしまう。心からの笑顔というのは、相手の気持ちをほぐす媚薬《びやく》が入っているのかもしれない。ところが、作り笑いはすぐに見破られてしまう。自分を振り返ってみても、何か心配事があったり、相手に対して不信感を持っているとなかなか笑うことができない。たとえ笑ったとしても、おそらく笑顔がひきつってしまうだろう。

心からの笑顔を礎《いしずえ》に、ホテル作りがスタートした。

新入社員の仮配属が行われ、研修が始まっていた。秘書課とGROは、社長室の直轄だった。

一〇人近い女性が配属されたが、彼女たちに最初に言ったのは、心構えである。

「ここはプレハブだが、一流のホテルだと思って働いてもらいたい。常にお客様をお迎えするという気持ちを忘れず、靴は必ずパンプスであること。それからいつお客様がご利用しても気分がいいように、トイレの掃除は欠かさずすること」

彼女たちは出社するとまずトイレ掃除を行い、パンプスに履き替えお客様を迎えるという態勢をとった。

七月になり新入社員は、東京のホテルオークラをはじめ全国のホテルに二カ月間の実地研修に行くことになった。一つのホテルに五〇人ずつ研修をお願いした。一応理論的な研修は行っていたが、実地となれば話は違う。私が帝国ホテルでハウスキーパーとして働き始めたときも、右も左もわからずおろおろしていた。彼らは二カ月程度の研修が終われば、あとは本番で実際にお客様に接しなければならない。そのプレッシャーは大変だったと思う。

研修が始まってしばらくすると熊本のホテルからクレームが来た。言うことを聞かず、仕事もまじめにしない研修生がいるので引き取ってほしいということだった。その社員を呼んで話を聞くと、どうも家庭環境が複雑なのでやけを起こしていたらしい。心が固く閉ざされていて、仲間とも打ち解けることができず、研修もやる気が起きなかったようだ。そこで、仕事を与えながら私が監督して研修をすることになった。仕事にも慣れ次第に心を開いてくると、見違えるように仕事に励むようになった。

この社員によって、心が仕事に与える影響の大きさを考えさせられた。お互いに分かり合うことは時間がかかるが、大切なのは「和」で、それによって本人も周囲も会社もうまくいくようになる。会社にとっては人間こそ一番の財産であると実感した。

■ブランド構築のためのアプローチ

ハウステンボスのようなテーマパークの中にあるというロケーションには、どういうホテルを作ったらいいのかを考えた。すでに欧米にはテーマパーク内のホテルがあったが、それをそのまま手本にはできなかった。というのも、ハウステンボス自体がこれまでのテーマパークとは違い、エコロジーとエコノミーの共生を目指す街作りというコンセプトで建設されていたからだ。かつては工業用地として開発された場所に新しく「街」を作ってしまおうという発想である。中世のヨーロッパのような石とレンガでしっかり作られた「街」は、確かに「佐世保市ハウステンボス町」という住居表示まで与えられていた。

普通なら、ホテルの経営戦略として考えられるのは、「動員戦略」と「客層戦略」の二つである。つまり、価格は安くても大量の人を動員することで経営をしてゆくか、客数は少なくても一人当たりの客単価を高くしてゆくかということである。

テーマパークはその成り立ちから言っても、子供からお年寄りまで、幅広い年代の人に来場してもらい、動員数を多くしなければならない。客層を問う必要はなく、頭数を増やすことを考えてゆかなければならない。入場者数を多くするには、楽しい思い出を持って帰ってもらえれば成功なので、芸術的完成度は要求されない。それよりも、リピーターを増やすために新しいアトラクションを次々と建設してゆくことのほうが重要視される。

ハウステンボスは従来のテーマパークとはいささか様相が違い、たとえば美術館や陶器のコレクションを展示している館があるなど、ある程度の「学習」が必要だった。もちろん、四季折々の花々が咲き乱れている園内は、そのまま散策しても気持ちがいいしそれだけでも十分に楽しめる。しかし、少し「学習」しておけば、もっと楽しみが深くなるという場所だった。そこに建設されるホテルであるから、動員戦略は最初から考える必要もなかった。しかも、私がプロジェクトに参加した時点では、すでにホテルのハードウエアに関しての青写真が出来上がっており、建設も始まっていた。「千年の街」にふさわしいようにと、ホテルは本物志向で、外壁のレンガはわざわざヨーロッパで焼いてもらったもの、内装はオランダ人デザイナーのホフマン氏が手がけた重厚なデザイン、家具も調度も美術品もとにかく素晴らしいものが手配されていた。これだけ素晴らしいハードを本当に楽しんでくださる上質な客層を呼び込むことが、私に与えられた役割だった。

ホテルは五つ建設されることになっていた。

会員制で九室のスイートルームだけの「迎賓館」と、「ホテルヨーロッパ」、「ホテルアムステルダム」、メゾネット式の一軒家の「フォレストヴィラ」の四つと、半年遅れで開業することになっている「ホテルデンハーグ」である。

ホテルを開業させるのは大変なエネルギーがいる。

サービスを担当するスタッフの研修、家具、調度、食器などの細かい備品の選定と手配、料飲スタッフの手配とメニュー作成、掃除、メンテナンス、会計システムの構築、食材の購入など多岐にわたって細かい確認作業を行い、それがスムーズにオペレーションできるかどうかのチェックを行ってゆかなければならない。テレビのドキュメンタリー番組などで、ホテル開業の裏側という企画が放送されることがあるが、カメラに写っている部分は準備のほんのわずかな部分で大半は映像にもならないような膨大で煩雑《はんざつ》な作業の積み重ねなのである。それを五つ同時に立ち上げなければならない。

私は、五つのホテルを立ち上げるにあたり、ピラミッド理論という発想で構築することを考えついた。

ハウステンボスは、従来のテーマパークと違い、美術館で芸術を楽しんでもらったり、ショッピングや食事をするといった文化を複合的に楽しむことができる場所である。文化度の高い人にはより深い楽しみを見出だしていただけるのがハウステンボスなのである。そのためには、文化度の高いホテルという発想がおのずと出てくるが、残念なことに日本のホテルでは、文化は贅沢《ぜいたく》に見せるための単なる道具にすぎないと考えられてきた。

単なる道具に終わらせないためにはどうするか。これに答えるために導入したのがホテルヨーロッパを世界的に有名なホテルにすることであった。つまり「ホテルヨーロッパ」というブランドを確立することである。ブランドが確立されたホテルヨーロッパを頂点に、ピラミッドを形成してゆく。

ピラミッドというのは、頂点から底辺に向かって広がってゆく。迎賓館は会員制のホテルなので別格と考え、残りの四つのホテルについてホテルヨーロッパをフラッグシップホテルとして頂点に置き、その下にホテルデンハーグ、またその下にホテルアムステルダム、そしてフォレストヴィラというようなピラミッドを形成した。ホテルヨーロッパのブランドをはじめに確立し、日本はもとより世界的に有名なホテルにすることでピラミッド下部のホテルのブランド・トランスファーができるわけである。常に上に対する憧《あこが》れを持たせることで、次の世代の客層も創出してゆくというピラミッド理論によって、同時に五つのホテルを立ち上げるという難事業をなんとか成功に導こうと思った。

ブランドというのは、客観的に評価されることで確立する。

最高のホテルであると自ら宣言しても、他人が認めなければ意味がない。ホテルヨーロッパのファンを作り、その人がホテルヨーロッパのよさを熱狂的に語ることで次のお客様に伝播《でんぱ》する。こうしてブランドが構築されてゆくのである。その核となるファンは、一般の人が憧れを抱くような人でなければならない。憧れといっても、別に有名人を指しているのではない。

人々が「あんな人生を送ってみたい」とか「素敵な生き方ね」というように憧れを抱くような人であることが必要だった。

また、ブランドの客観性を高めるために、設計の青写真の段階でＬＨＷ（The Leading Hotels of The World）にアプローチして、開業の年にインスペクションをしてもらい、奇蹟的にも一九九二年秋にはホテルヨーロッパのＬＨＷ加盟が認められた。

高級車は大衆車に比べて販売台数が少ないが、確実にファンがいて売れてゆく。コマーシャルのコピーではないが、「いつかはクラウン」という世代が後ろに控えているのである。高級車は仕様も細部にわたりこだわりが必要であるが、それを作り続け提供することで需要は喚起されてゆく。これと同じように、ホテルヨーロッパを最高のブランドに作り上げてゆくことで、その他のホテルも含めた体質を強化することができると考えたのである。

■ヒューマンウエアの戦力化

ブランドを構築するには、「ハードウエア」「ソフトウエア」「ヒューマンウエア」の三要素が揃《そろ》っている必要がある。

ホテルの場合は建物や設備がハードウエアであり、運営技術やサービスがソフトウエア、そして働く人間そのものがヒューマンウエアである。ソフトウエアの大半を担っているのが人間なので、ホテルはヒューマンウエアを強化することによって、より高いサービスを提供することができるということになる。

そこで、社員の意識を高め、社員がよりモチベーションを高く持って働ける環境を整えることでヒューマンウエアを効果的に活用することができるのではないかと考えた。つまり、いかに社員の意識を変えて、戦力化していくかがこのホテル・プロジェクトの成否を左右するのである。

社員の意識改革のために、新入社員に対して一番最初にすることがある。

四月一日の入社式に、役員全員がタキシードで参加するのだ。皆それぞれのホテルで長年勤務しているベテランなので、タキシード姿もばっちり決まる。一〇人以上が黒いタキシードと蝶ネクタイで並ぶ姿は、本当に格式を感じさせる。これによって、ホテルを初めて体験する新入社員も圧倒される。私がハウステンボスを去るまで毎年行っていたが、新入社員は居並ぶ役員に、目をぱちぱち、顔を紅潮させる。なかには恥ずかしいのか下を向いたままの男子社員もいる。

役員全員がタキシード姿で迎えることによって、ホテルに入社するという気構えを自然に植え付けるだけでなく、いつかは自分もタキシードを着こなすホテルマンになろうという憧れを刺激することができるのだ。

こうした仕事に対する憧れ感も、日々の仕事で次第に磨耗してくることがある。こうなると仕事に対してのやる気や満足感が失《う》せてきて、仕事の効率も落ちてくる。ホテルの場合はじかにお客様と接することになるため、その気持ちの落ち込みがサービス低下となってもろにあらわれてくる。

これをなくすにはどうしたらいいか対策を考えた。

自分の若い頃を振り返ってもそうだったのだが、将来に希望が持てなくなったときに、やる気は一気に失せる。たとえばいい先輩がそばにいて、十年後にはあの人のようなポジションにいて、あれくらいの仕事をしようという目標が明確に見えていると安心して仕事に打ち込むことができる。しかし、十年後自分がどうなっているのかモデルが見えないとか、十年経ってもあの程度のポジションしかつけないのか、というように将来が見えない状態では不安が募る。

例が適切かどうかはわからないが、真っ暗で周囲がまったく見えないジェットコースターのほうが、太陽の下を疾走するジェットコースターよりもずっと恐怖感を感じる。見えている場合は、あとどれくらいで急降下するのか予測がつくし、ある程度心の準備ができているので恐怖に対する対応ができる。それと同じで、何年後に自分がどんな仕事をしていて、どれくらいのポジションにいるかがある程度わかっていれば、不安を減少させることができる。

この不安を解消するために私は、ＣＤＰ（キャリア・デベロップメント・プログラム）という人材開発プログラムを組み込んだ。このプログラムを実行するためにキャリア開発のための相談と昇格・異動への助言を行うセクションと、客観的な業務評価を行うセクションの二つを作り、人事部ではなく仕事に直接関わるのでマーケティング部門に所属させた。

たとえば、入社したばかりの社員が最終的に総支配人になりたいと希望していたとすると、まず面接を行い、総支配人になるためにはどんな仕事をしていかなければならないかを説明し、そのためには何年目にどんな仕事をしていなければならないかの具体的な青写真を相談しながら作ってゆく。総支配人を希望するならば、実務や営業部門だけでなく経理、人事といったセクションも経験しておかなければならない。将来の希望は何年かに一度見直しをして、自分の進路を決めてゆくことができるのである。

また、昇進や異動に関しては、従来のように直属の上司の判断にまかせておくと、思わぬ問題が起きる可能性もある。たとえば、上司と折り合いが悪い場合は、不当に評価が低くなってしまうかもしれないし、反対に上司にとって使い勝手のいい便利な部下はなかなか他のセクションへの異動をさせてもらえないかもしれない。これは本人にとっても不幸であるし、会社にとっても損失である。こうした人事の停滞を防ぐために、上司の評価だけでなく部下から上司の評価をさせたり、直属の上司以外にも異動の希望を出すことができるというものをシステムとして導入したのだ。

またＨＲＤ（ヒューマン・リソーセス・デベロップメント）というセクションを設けたのは、社員の笑顔はどうしたら生まれるのだろうという素朴な疑問からだった。このセクションの主な業務は、社員の公私にわたる悩みや困り事に対して会社が適切なアドバイスを行ったり、手助けをするというものである。会社で生きがいを持って働き、周囲の人間関係がうまくいっているときには、自然と笑顔は生まれてくる。

さらにもう一つ、家庭生活がうまくいっていることも、笑顔を生む重要な要素であることに気がついた。いくら仕事が充実して、会社の人間関係がよくても、家庭で何か気になることがあれば、どうしても考え込んでしまう。公私両面で憂いのないことが、笑顔の基本だという考えに至ったのである。そこで、家庭に関する手助けをするために、FR（ファミリー・リレーション）というセクションをつくりそこで対応することにした。

ヒューマンウエアのメンテナンスというと、おそらく企業では福利厚生の範疇《はんちゅう》に入ってくるのだろうが、ホテル業のみならず日本の企業全体の福利厚生は十分とは言えないのではないかと思う。福利厚生というと、すぐに休日に利用できる社員施設が思い浮かぶが、それをもって福利厚生とは言わない。厚生施設があると言うにすぎないのだ。

厚生の「厚」という字には、人に日を当てて子供のように育むという意味があるという。子供のように育むというのだから、かなり手厚くしないと「厚生」にはならないのである。そこで、私は厚生課にFRというセクションを置いた。これはズバリ私生活をサポートするセクションである。

ホテルは二十四時間稼働しているので、当然夜勤の担当者も多い。しかし、もし病気がちの高齢の母親と二人暮らしをしているとしたら、夜勤の最中も心配で仕事に身が入らないかもしれない。これほど切迫した状況ではなくても、たとえば子供の転校の手続きに行きたくてもいけないとか、家庭の心配事はいろいろある。そこで、看護婦の経歴を持つ人や老人ホームで働いていた人を雇いＦＲをスタートさせた。ＦＲの利用は本人の希望で行われるが、こうした支援システムがあるというだけで安心して、笑顔でサービスをすることができるのだ。

ヒューマンウエアにほころびができると、どんなに歴史のあるホテルでも衰退してしまう恐れがある。外資系のホテルによくあることだが、労働組合によって職域や労働時間などが決められてしまうために、連携プレーや顧客との関係がうまくとれなくなってしまうことがある。また、名門ホテルであれば履歴書にそのホテルの名前を書きたいがために、転職のステップとして短期間働くこともある。従業員の回転が早いホテルでは、顧客とのリレーションをとるのが難しくなる。こうしたことが、ホテルそのものをダメにしてしまうことがあるので、軽視はできない。

しかし現実にはヒューマンウエアの重要性を理解し、対応しているホテルは意外に少ないような気がしてならない。ホテルを工場にたとえると、サービスをする人間（ヒューマンウエア）は、物を生産する機械に相当する。機械は定期的にメンテナンスを施して、正常に機能するようにコントロールしてゆくが、ヒューマンウエアに関してのメンテナンスは思いのほかなされていないという気がするのだ。私はそれだけは避けたいと思った。人間産業であるホテル業界にあっては、人こそが財産である。社員の笑顔が消えたホテルは、お客様に満足を与えることはできないのである。

■心・技・体を生かす

スポーツマンにとって「心《しん》・技《ぎ》・体《たい》」を充実させることは、勝敗を決する大切な要素である。日ごろから鍛錬《たんれん》を重ね技術を習得し、気力・体力が充実したところで試合に臨むことで、一二〇％の力が発揮できる。

私は社員の行動をはかる物差しとして、この「心・技・体」を使っている。わかりやすい例で説明しよう。

皿を洗っているときに、割れることがある。たまたま手が滑って割れてしまうこともあるが、たとえばある社員が、どういうわけかよくお皿を割ってしまうとしよう。たいていの上司は、「なんで、そんなに皿を割るんだ！　まったく不注意なんだから。しっかりしろ！」と怒鳴るだけで、どうしてそれほど皿が割れるのか、原因にまで思い至らない。

そこで、「心・技・体」をあてはめてみるのである。

皿が割れるのは、この社員の「技術」が未熟だから割ってしまうのか、と考えてみる。新人なら技術が未熟ということもあるだろうが、ベテランの場合は考えにくい。次に考えるのは「体力」である。厳しい勤務状況が続いているために体が疲れていて、それが原因で皿を割ってしまうのではないかと考えてみる。それほどの激務ではないとしたら、「心」つまり何か心配事があるから心ここにあらずの状態で皿を割ってしまうのかもしれない。このように、社員のミスは「心・技・体」で判断することができるのだ。

ホテルには多くの職種があるが、何より大切なのは毎日の積み重ね、デイリートレーニングである。ホテルの仕事はそのままにしておくと、前日よりも必ず悪くなる。毎日トレーニングすることで、初めて維持できるのがホテル業なのだ。よくバレリーナの方が、一日練習を休むと自分がわかり、二日休むと周りがわかり、三日休むとお客様がわかると言われるが、これはホテルにもあてはまる。毎日トレーニングしたうえに感性というプラスアルファが加わったときに、素晴らしいサービスになる。お客様から、

「この前はこんなにサービスをしてもらったのに」

と言われたのに対して、

「すみません。今日は忙しかったものですから」

と答える場面に遭遇することがある。

これはホテルマンとして言ってはならない一言だ。日ごろのトレーニングを怠っていたために忙しさに対応できなかったか、テンションが低くなっていたか、気持ちを他に奪われていたか、とにかく何か原因がある。「忙しい」という言い訳で済ませてしまうところに問題があることに気

づかなければならない。

ホテルは、プロの集団でなければならないのだ。

たしかにホテルはＯＪＴ（オン・ザ・ジョブ・トレーニング）のもと、新入社員を現場に配置する。新人が料理や飲み物を運んでくると、そのぎこちない動きや体から発せられる緊張感にこちらもゆっくり食事をすることができなくなることもある。しかし、経験を積めば次第に慣れて動きもサービスもスムーズになってくるのである。

慣れてきたからといって、プロになったわけではない。

お客様の年齢や体調、人数などによって適切な料理のサジェスションを行い、適切なタイミングで料理を目の前に置く技を持っているのがプロである。最近人件費の削減と効率化の名目のもとにマルチジョブ・システムを導入するホテルがあるが、私はそれに対しては疑問を持っている。せっかくのプロの料飲担当者が、手の空いているときにハウスキーピングをやるように命じられたらどうなるだろう。仮にこの状態が二、三年続いたらこの社員は限りなく素人《しろうと》になってしまうだろう。技術の習得が中途半端になってしまうからだ。当然体力的にも限界になるだろう。そうなってくると、気力が半減してＥＳ（従業員満足）も落ちてくるのだ。ＥＳの落ち込みはそのままＣＳ（顧客満足）に影響を与える。

最近注目されているマルチジョブ・システムは、一見人件費をうまくコントロールしているように思われるかもしれないが、中・長期的には弊害のほうが大きくなるような気がしている。マルチジョブ・システムそのものが悪いというのではないのだが、広範囲にわたりプロの技術を維持し続けるのがかなり難しい。重要なのはESとCSをほどよい状態で保ちながら導入することである。満足というか仕事のやりがいを保ち続けながら導入することができれば、これによって生産性も向上し、社内も活性化する。しかし、机上《きじょう》の論理だけで割り出した、物理的にも精神的にも厳しいマルチジョブを押し付けていると、社員は心身ともに疲弊してやる気がなくなってくる。これが問題なのだ。

ホテルには、大きく分けてお客様と同僚という二つのヒューマンファクター（人的要因）がある。社員にとって大切なのは、同僚との人間関係がうまくいっている環境で働きそれに技術が加わることで、顧客に対しての有機的なサービスにつながってくるのだ。お客様にとっては、心地よいサービスをスタッフから受けることで、ホテルに対する満足を感じていただける。それがうまく循環するシステムを作り上げることが必要なのである。

■ES（従業員満足）を高める工夫

ヒューマンウエアを考えるにあたって、私が基本に据えているのは「和魂洋才」の考え方である。私は日本企業と外資系の両方で働いてきたため、どちらのよさも悪さも身をもって知っている。

ホテルはもともと西洋の文化であり、西洋のライフスタイルが凝縮されたものである。部屋の大きさ、天井の高さ、ベッドのしつらえ、バスルームの構造など尊重すべきところは多々ある。会計やマネジメントにおいても西洋のシステムは学ぶべきところがあると思う。しかし、お客様をお迎えするといったおもてなしの心については、日本には素晴らしい伝統と様式美がある。私が言う「和魂洋才」とは、東洋的な考え方と西洋の技術を合体させた運営手法のことである。

「和魂洋才」を経営理念に掲げる経営者は他にもいらっしゃるが、私の場合は経営の筆頭に利益ではなく、従業員個人の幸せを置いているのが少し変わっているかもしれない。だからこそ、ESが重要だと考え、対策のための組織やセクションを作ったのだ。ホテルは人間が人間にじかに接触することで成り立っている商売なのだから、従業員の満足がなければ顧客の満足など得られようもないと思うのだ。

ホテルという業界は、人の動きが激しい。新しいホテルが建つと大勢の人間が移動するし、一つのホテルにいても世界中へ転勤がある。また一つのホテルの中にも、手だれのベテランと新入社員、パートタイマーから他の会社からの出向社員など、立場や年齢、身分の違う人たちが働いている。十人十色の人たちがサービスをしているのである。

たとえば、恋人と前夜大ゲンカしてショックで気落ちしている女性スタッフがたまたまレジ担当のときに遭遇したお客様は、つっけんどんな接客態度に不快の念を抱くかもしれない。一方、今晩のデートを心待ちにしているスタッフが担当したお客様は、これほど気分のいいホテルはないと感じるかもしれない。

本来ならば誰が担当しても、どんな時間でも同じ印象をお客様に与えなければならないはずなのに、社員の個人的な事情で印象が変わってしまう。これではいいホテルとは言えない。だからこそ、ホテルの失点をできるだけ少なくするために、ESを少しでも上げるよう努力しなければならないのである。

「なんとかして、いいスタッフを集めて、しかも彼らが怠惰にならないようにできないものだろうか」

と考えたのがESの発想である。

人間というのはつくづく弱いもので、私自身もそうなのだが、気をつけていないとどうしても楽なほう、怠惰なほうへ流れていってしまう。一人でも怠惰な社員がいると、他の社員が影響を受けてしまう。それを食い止めたかったのだ。

それには、怠惰な社員が入社しないように、採用にも工夫をする必要がある。

新入社員の採用に関して、応募書類を送ってきたすべての学生と面接を行っている。何らかの基準を設けて初めに書類選考をすると、いい人材が埋もれてしまうかもしれない。そこで、三次面接までを行い、それから書類を見るという方法をとった。もちろん、応募者が数千人という企業ではできることではないだろうが、ホテルはお客様と接触する仕事なので、あえて面接による印象を大切にしたのだ。

新入社員には、二年先の希望と十年先の希望の二本立てで自己申告をさせる。人事開発部がその希望に添ったキャリア・デベロップメント・プログラムを作成するのである。社員の希望を会社が把握し、理解してくれているということで安心して働ける環境を作るというわけである。

しかし、これだけのことをやっても、怠惰な社員はいつまでたっても怠惰なままであったりする。ところが、多勢に無勢というか、前向きな社員の数が圧倒的に多い場合は、どういうわけか怠惰な社員はやがてやめていってしまう。おそらく、居づらい気分になってしまうのだろう。

よく道路など公共の場所にごみを平気で捨てる人がいるが、汚れている場所では人間は割合平気でごみを捨てられる。しかし、掃除が行き届きものすごくきれいな場所では気後れしてごみなど捨てられないものである。そんな感覚になるのではないかと思うのだ。

こうして従業員満足を高めることで、ホテルの雰囲気を作っていった。

ホテル業は人間商売であり、ここが戦略になる。

最近イールド・マネジメント（効率経営）が注目されているが、かなり局部的にとらえられているような気がしてならない。生産性を上げることはもちろん大切なのだが、特にホテル業は人間によって大きく左右される産業である。工場のように、生産ラインをまとめて部品の調達を一括で行うことによって、生産性が上がるというほど単純なものではない。ホテル業には若い人も中高年もいるわけで、これほど幅広い年代が直接現場に携わっている産業は少ない。

「別に何をしているわけでもないけれど、あの人がロビーにいるだけで雰囲気がよくなるね」という中高年社員もまた、必要なのである。まったく生産性が上がっていないように見えるかもしれないが、ホテルの「雰囲気」という大切なものを形成しているのであるから十分に機能しているのである。

それぞれ年代・キャリアの違う社員がどうやったら一番生産性を上げられるか、すなわち一人の社員がどれだけの生産性を上げることができるか、というところにイールド・マネジメントの適用が必要になってくる。若い人の素晴らしい部分と中高年の素晴らしい部分を長所として取り上げ、短所はクールに見る、これによってどの場面でどの人を使ってゆくのか適切に判断できるようになるのである。

■モチベーション・マネジメントこそ経営安定の鍵

私は今回の洞爺プロジェクトにおいても、会社の代表とゼネラルマネージャー（総支配人）を兼務することにしている。ハウステンボスのときも、代表であり五つのホテルすべてのゼネラルマネージャーを兼務していた。本来ならば、どちらかがコストカッター役を担当しなければならないため、兼務は必ずしも好ましくないと言われている。というより現実には大いに自己矛盾に陥ってしまうのだ。

ゼネラルマネージャーは運営のトップなので、ＣＳ（顧客満足）とＥＳ（従業員満足）の向上を中心に考え展開してゆかなければならないが、代表取締役はＣＳやＥＳまで考える必要がなく、利益が出ていればそれでいいという立場である。もちろん、生産性の向上は双方目指すところであり、その理解は同じである。ホテルにおいて、最大に生産性を上げるためのアプローチは何かというと、私はモチベーション・マネジメントであると確信している。

モチベーション・マネジメントを導入することで、クオリティを下げずにコストを削減することができる。ホテルは二十四時間産業なので、深夜に働いているスタッフも多い。スタッフが仕事に生きがいを感じ、やる気を持って仕事に取り組むことができれば、少ない人数でも二十四時間態勢でお客様に満足を与えることができる。

私はハウステンボス時代にこれを実現した。

スタート時は八七四室で、八六〇人体制でサービスを行った。一室につきほぼ一人のスタッフという割合である。これでも都内の一流ホテルのスタッフ数よりも三割近く少ない。しかし、五年後にはアウトソーシング（外部委託）したわけでもなく二四〇名減って、六二〇名でサービスにあたった。しかし、顧客の満足度は業界雑誌の調査でもトップクラスで、しかも一室当たりの客室料金が日本一だった。これが可能となったのは、スタッフの技術が上がり生産性が向上したことと、スタッフが「日本で一番のホテルで働いている」ということで意欲を感じることができためだと思っている。

従業員の数が減るということは固定費の削減につながり、経営効率が上がってくるので、経営側にも都合がよい。

ホテルにとって最大の経営安定は、顧客を安定させることである。従業員の意識レベルが上がることによって、お客様のホテルに対する期待度と評価が上がってくる。そうなると、お客様が望んでいる付加価値のあるサービスが可能になり、より個性的なサービスを提供することができるのである。

接客技術を上げてモチベーションアップを図る一方で、若年層と中高年層をミックスした従業員構成を行うことが必要である。これは精神的な安定を図るという重要な役割を担っている。中高年層の存在という具体的な目標があることで、若年層が一層技術の習得に励み目標達成までの道のりが見えてくるのに加え、経験者の実体験を参考にすることで失敗を未然に防ぐことも可能になる。

モチベーション・マネジメントが成熟してくると次のステージへと進化し、より安定した運営及び経営を目指すことができる。そして、いよいよブランド・マネジメントが登場してくるのである。ブランドは自ら努力しただけでは生まれない。ブランド構築に向けてのマーケティングと客観的評価によって、ブランドが確立する。そののちに、ブランド派生商品が生まれるのだ。

ブランド・マネジメントには、ある種の運営哲学の構築とその共有が絶対条件になってくる。

経営だけでなく精神的なものを含めた幹部の教育を行うことにより、その哲学が社員全員に広がり定着してくる。

ここに「人間的経営」の大切さがあるのだ。

この運営の哲学とは、「社風」と言い換えてもいいかもしれない。

「社風」というのは、明文化されているものではなく、なんとなく存在するものである。しかし社員全員に行き渡っていて、共通の常識というか規範になっている。これが出来上がれば、たいていの問題はクリアできる。

ハーバード大学のマイケル・ポーター氏は、『競争の原理』という著書の中で日本企業に対して厳しい指摘を行っている。

「日本の会社は大間違いをしている。戦略とオペレーション効率を一緒くたにしている。オペレーション効率というのは、たとえばコストを下げるために人件費を減らしてゆく。そのうち、コストを削減するということがあたかも戦略になっているように勘違いされている。そうではないのだ」（ダイヤモンド社刊）

日本企業はホテル業界のみならず、「リストラ」という呼称で人員削減を行っている。リストラクチュアリング（restructuring）というのは、「再構築」の意味で人員削減のことではない。しかし、人員削減イコール企業の再生をかけたリストラ戦略のようになっている。これはおかしい。企業の基本は人間であるという原点に立ち返る時期が来ているのではないか、そんな気がしてならない。

■「癒し」を提供する環境作り

ホテルは空間を売っている商売である。空気を売っていると言ってもいいかもしれない。外から見ると、いかにも客室という建物を売っているような錯覚に陥るが、実際には九割九分は空間というか空気を売っている。いくら建物が立派でも、サービスをする人間を抜き取ってしまえば、単なる箱にすぎない。

空間がビジネスとしてどんな価値を生み出してゆくかといえば、「リラックス」がもたらす満足感であると私は考える。究極的にはお客様はホテルに「癒し」を求めているのではないかと思うのだ。カプセルホテルや出張で利用するビジネスホテル、レジャーホテルに、積極的に「癒し」を求める人はいないだろう。しかし、一般のホテルに対してはできれば少しでも広いホテル、少しでもきれいなホテル、フロントの女性が愛想よくて気分のいいホテル、少しでも居心地のいいホテルを探す。先にも書いたが、今求められているホテルは「快適に泊まれる」ホテルではなく、「快適に過ごせる」ホテルである。「快適に過ごせる」ホテルに求められるのは、「癒し」であると思う。

お客様がホテルに求める「癒し」というのは、食であり、文化であり、部屋であり、それに伴うサービスのすべてを包括している。

そのうえでホテルを選択する要素は、「個性」である。

「癒し」を感じさせてくれる数あるホテルのなかから、お客様はホテルの「個性」によって選択する。ホテルが個性を持つには明確なコンセプトが必要であるが、すべての社員スタッフが同じ理解をして同じベクトルで動いていることで個性が発揮される。ホテルのコンセプトと社員のベクトルが一致したときに、最大の効果を発揮することができる。これが結果的にモチベーション・マネジメントにリンクしたときに、求められる究極のホテルが誕生する。


私はハウステンボスのホテルでさまざまな空間を作り上げてきた。

コンピュータが普及しメタリックな時代になってきたからこそ、「自然」を意識したハイタッチなホテル作りを目指してきた。

たとえば、ホテルヨーロッパのエレベーターホールはロビーのはずれのL字形にカーブしたところにあり、エレベーターを降りてきた人と、これから乗り込む人が出会い頭にぶつかる危険性があった。まさか「出会い頭の接触事故に注意」という立て看板を出すわけにもいかない。そこで、エレベーターの前に大きな壺《つぼ》を置いて、常に生花を飾っておくことにした。エレベーターから降りる人は、ドアが開いたとたんに花に目を奪われ、これから乗り込む人も、花の前でしばし立ち止まるゆとりが出てくる。しかも、生花の持つ癒しのパワーのおかげで、エレベーターの到着に多少時間がかかってもイライラせずに待っていただくことができたのだ。

　夏休みのシーズンになると、どうしても子供連れのお客様が多くなる。子供はそれでなくとも興奮しているのに、ホテルという空間に足を踏み入れたことで一層テンションが高くなり、大声で騒ぐ。そのうえ、到着時刻が同じなのでチェックインのカウンターにズラリと長い列ができる。子供に静かにしなさいと言っても、言うことを聞くものではない。そこで対策として、私はロビーでウエルカムドリンクを提供することにした。

　お客様がホテルに到着すると、タキシードに身を包んだスタッフがフルーツパンチをグラスにとりわけ、お客様に差し上げる。子供にとっても、タキシードの大人がうやうやしく飲み物を持ってきてくれるのだから、すっかり気勢をそがれておとなしくなる。おかげで、チェックインまでの待ち時間にも文句も出ず、スムーズに行うことができた。

　こうした試みは、サイコロジカルバリアの手法でもあるのだが、そこに生花やドリンクの要素を加えることで、威圧感を減少させ気分をゆったりさせる効果が発揮される。

　GROのデスクのそばには、常に六種類程度のオードトワレのビンを置いておいた。普段、女性は自分の好きな香りをつけて楽しんでいるが、男性はなかなか香りを楽しむ方が少ない。しかし、リゾートホテルというリラックスのための空間にやってきたのだから、非日常を楽しんでもらおうという趣向で置いたのだ。といって、使用を強制するわけではなく、さりげなく置いておくことがポイントなのである。

私は「ハッとして、ほっとさせるのがいいホテルである」と常に言っている。「花を見てハッとして、それからほっとする」という小さな積み重ねが、本物の癒しへといざなってくれるような気がする。

かつて、ウォルドルフ・アストリアホテルのワンゲマン総支配人は、「都市ホテルはリゾートに学べ」と常に口にしていた。帰国後私はこの言葉の重要性を身をもって体験する機会が多々あった。

日本はまだまだリゾートホテルが未発達で、逆にリゾートホテルに都市ホテルの発想を持ち込んでいるのが現状だった。日本のリゾートホテルは常に緊張感を持ってお客様をお迎えしているような印象を持った。これではいつまでたっても日本には最高のリゾートホテルは誕生しないと感じている。リゾートホテルでさえくつろぎを提供できていないのだから、都市ホテルにリゾートの感覚など持ち込めるはずがなかった。

日本のリゾートホテルには、いまだに「遊び」のDNAがない。リゾートホテルにないのだから、都市ホテルにはあるはずもない。常にどこかに「仕事」のDNAが見え隠れして、本当にくつろがせてはくれない。

私はいつか本物のリゾートホテルを日本で作ってみたいと思っていた。

ある時期までのホテルヨーロッパは、日本における癒しを実感できるリゾートホテルだったのではないかと自負している。しかし、ホテルは生き物である。常にメンテナンスをしていなければ、すぐに姿を変えてしまう。それは、ホテルは建物ではなく、あくまでも空気を売っているからにほかならない。空気はどんな建物にも存在しているが、その空気がおいしいか、やわらかいか、いいにおいがするか、深呼吸をして気持ちがいいかは、その建物に入ってみなければわからず、しかも刻々と変化する。おいしい空気もあっという間に息苦しいものに変わってしまうのだ。

なぜなら、空気は汚染されやすいものだから。

第四章

再生への闘い！

■洞爺再開への執念

北海道拓殖銀行の破綻《はたん》の影響で洞爺のホテルが閉鎖してからの二年余りは、社員との不本意な別れや、新しい仕事が決まらないあせり、体力の低下などが重なり八方塞《ふさ》がりだった。不眠症は深刻さを増して、まったく眠れない日々が続いた。

深夜眠れない布団の中で考えるのは、洞爺の再開のことだった。考えているうちに目がさえてくる。もはや布団に横になっていることなどできず起き上がり、片っ端から本を読んだ。

私は昔から本を読むのが好きで、目についた本はとりあえず買い込み読んでいたので、引越しのたびに大量の本を持ち歩くことになった。数は七〇〇〇冊以上あると思う。眠れない夜や判断に窮したときなど、折に触れてひたすら本を読んでいた。ジャンルを問わず、手当たり次第に読んだ。ひたすら本を読み、ひたすら勉強して、将来再開されるホテルの構想を練っていた。何を読んでいても、常に洞爺のホテルの弱点と強さの認識に結びついた。もし再開されたら、今度こそ世界に誇れるリゾートホテルを作りたい、と考えているときだけが唯一の安らぎの時間だった。これは葛藤《かっとう》から抜け出るための、ある種の逃避だったような気がする。しかし、いつか再開するという目標があったから、耐えることができた。そう思わなければ人間不信になってしまいそうだった。

本は私に勇気を与えてくれた。

本の中には凝縮された数多くの実績が詰まっている。それは哲学であったり、工業技術であったり、アートであったりと、ジャンルは多岐にわたっているが、それらの本はいずれも多くの人に会ったのと同じくらい示唆に富み、勇気とアイデアを与えてくれた。

私は『菜根譚《さいこんたん》』や『十八史略』のように繰り返し読む本もあるが、たいていは新しい本を選んで読んだ。古い本は古い本で素晴らしいものもあるのだが、新しい本にはエネルギーがある。ベストセラーなどは本当に活気があり、ページを開いただけでわくわくする。エネルギーがあるからベストセラーになるのか、多くの人に支持されることによって本がエネルギーを帯びるのかはわからないが、たしかに新しい本にはエネルギーがある。

本にも旬があるのではないかと思う。

不思議なもので、たとえば直木賞受賞作品が何年か経って文庫本で発売されるが、それを読んでもエネルギーが感じられない。文庫本は知識を得たり確認するにはいいが、本からエネルギーをもらおうと思ったら、発売された瞬間のエネルギーにあふれた本を読んだほうがいいと思っている。

私がさまざまなジャンルの本を読むのは、すべてがホテルに結びつくからだ。ホテルというのは人間商売なので、世の中で出版されている本でおよそホテルと関係ない本というのはない。人間が登場すれば、ホテルマンのフィルターを通して解読してゆく。最近はＩＴ関係の本をよく読むが、これを応用すればホテルの顧客管理がうまくいくとか、すべてホテルに集約してくる。

「ああそうか。こうすればいいんだ。今度はこうやってやろう」

と、読んでいるだけでアイデアが浮かんできて、沈んだ気持ちが晴れてくるようだった。

もちろん、本だけを読んで過ごしていたわけではない。

少なくなったとはいえ五人の社員がいたので、新規の仕事もやってゆかなければならない。仕事のオファーは来ていた。ホテル運営会社であるから、クライアントの要望に応じて、リニューアルのコンサルタントや運営受託にあたってのプレゼンテーションなど行っていると、資料作成と提案でスケジュールはどんどん埋まっていく。

しかし問題は、なかなか正式契約まで持ち込めないということだった。

私が総支配人で行くのなら、残りの社員を引き受けてもいいという話も舞い込んだ。資金が枯渇してきていたので、一時はそれも致し方ないかと気持ちが揺れたときもあった。しかし、心の中にはいつも洞爺があり、これを引き受けてしまったら洞爺のプロジェクトが再開されても、私たちの会社ウィンザー・ホテルズインターナショナルが運営することができない、と思うと、最終的に受けることはできなかった。

私が洞爺にこだわったのは、あそこが私をひきつけてやまない素晴らしい場所だという他に、これだけ勉強し、これだけ洞爺にかけているのだから、もしホテル業界に神がいるとしたら自分にチャンスをくれるはずだ、という気持ちがあったからだと思う。まったく何も決まっていない当時に、こんなことを他人に話したら、窪山は追い詰められておかしくなった、と思われたかもしれない。しかし、自分がホテル業界でこれだけ苦労してもやってこられたのは、役割をおおせつかったからで、必ずオーナーが現れ洞爺のホテルの運営を任せてくれるはずだと信じていた。その一方で、なんと考えが甘いのだろうと自虐的になることもあった。

日本経済は長期低迷が続き、しかもわれわれが目指している北海道の高級ホテル計画などは皆が鼻で笑うような状態で、いつまでも寝言を言うなと言われる。業界を知る人は、日本で高級リゾートホテルは絶対に成功しないと断言していた。

デフレ時代が到来し、物価が下がり続けていた。物の値段は下がるのが当たり前で、そこへ一気に値段が高いものが登場しても、誰も見向きもしないというような風潮になっていた。しかし、私は絶対にその流れが変わると信じている。なぜなら、自分が価値を見出したものに対しては、人はお金を惜しまないからである。

事実ハンバーガーや牛丼、ユニクロといった値段の安い物は売れていたが、一方でエルメスやヴィトン、グッチといった超高級ブランドの直営ショップがオープンしお客様が殺到している。ヴィトンの全世界の売上の約六割を日本並びに日本人が担っているという話を聞くと、自分でいいと認めたものには惜しみなくお金を払うということがわかる。ブランド、品質、こだわり、雰囲気など人をひきつける要素はさまざまだが、いずれかの要素があれば人は容易に財布の紐《ひも》をゆるめるということである。ただ値段が高いからという理由で「売れない」とか「成功しない」と言うのは、売れるための努力をしていないのではないかと思っていた。

ホテルにはいろいろなエッセンスが詰まっている。部屋でくつろぐだけでなく、素晴らしいレストランで食事をする、ムーディーなバーでアルコールを飲むというのもホテルの楽しみである。スパでリラックスし、いい香りのアメニティを楽しみ、肌ざわりのいいバスローブに身を包みのんびりする。ホテルが提案するライフスタイルを堪能《たんのう》することで、満足を感じたらお客様はお金を払うのである。人まねではなく本物を極めることでビジネスが広がり、それがやがて文化になってゆく。こうして作り上げた文化に対しても、人は価値を見つければやはりお金を惜しまないはずである。

北海道の人は、雪があるから発展しないと諦《あきら》めているところがある。雪はすべての経済活動を停滞させるから、雪のシーズンはオフシーズンだという。

しかし真っ白な雪は幻想的でロマンティックな要素を多分に持っている。白とは純粋、純真に通じて、花嫁をイメージさせる。もし純白のウエディングドレス姿の花嫁が、純白の雪のなかで結婚式を挙げたら、それは感動的なものになるだろう。

ウィンザーホテル洞爺では、新たに「G-clef（ジークレフ）」というチャペルを新設した。このチャペルは真上から見るとト音記号の形をした建物で、壁がガラス張りになっており、冬はさながら純白の雪の中で式を挙げているような錯覚にとらわれる。

「ホワイトウエディング」こそ、北海道の洞爺でしか体験できないウエディングである。

ここにしかない、ここでしかできない、そんな付加価値の高いものなら、人はわざわざ出かけてきたいと思う。そういう情熱をかきたてるホテルでなければ、価値がないし、私が手がける意味がない。

■C^3I（シーキューブアイ）の発想

日本には高級リゾートホテルはほとんどないと言っても過言ではない。

日本を代表する一流ホテルもリゾートホテルを運営しているが、ビジネスとして本格的に成立しているとは言いがたい。期間限定でオープンしていたり、稼働率が低かったりで、今なお欧米の後塵《こうじん》を拝している。

世界には国際的に認められている素晴らしいリゾートホテルがある。日本は四季折々の風情《ふぜい》があって、これだけホスピタリティ・マインドがある国民なのに、国際的なリゾートホテルがないのは納得できなかった。日本に本格的なリゾートが生まれないのには理由がある。リゾートホテルは都市ホテルに比べて、越えなければならないハードルが多いのだ。

理由はいくつかある。第一に季節性が高いこと、第二は客層が安定しないこと、第三が詳細な顧客管理が必要なこと、第四が高度なテクニックを持った従業員が必要なこと、そして第五が強力なマーケティング力がなければならないことなどである。

とりわけリゾートホテルは季節変動による経営の難しさが挙げられる。

連日満室の繁忙期と、ほとんど宿泊客が来ない閑散期もある。季節変動が大きいということは、サービススタッフをどの稼働レベルに合わせて用意するか、年間平均稼働率をどれくらいに設定して閑散期をどう乗り切ってゆくかなど、経営ノウハウが必要なため片手間では運営できない。リゾートホテルのなかには、繁忙期だけオープンして、あとはクローズしてしまうというところもあるが、それではマネジメントは育たない。一年間苦労して初めてマネジメントと言えるわけで、いい時期だけ開けているのではリゾートホテル運営のノウハウは構築できないと思う。

日本のリゾートは旅館が主体なので、システムとしては旅館ばかりに目が向きリゾートホテルの開発が後手にまわってしまったという過去の歴史があるのかもしれない。人材をリゾートに投入してこなかったというのも、ひとつにはあるのだろう。東京のホテルなら、そこを目指して来なくても、地下鉄の駅に近いとか、通り道にあるということで利用してもらうこともある。目的意識がないお客様でも狙《ねら》うことができるわけだ。しかし、リゾートは明確にそこを目指して来るお客様をつかまえなければならない。つまり目的地化するような発想力とマーケティング力がなければならない。こうして付加価値をつけることによって、初めて集客が可能になるわけで、やはりリゾートは難しいと思う。

今回のリゾートホテル・プロジェクトは、最低でも一室一泊三万円程度の室料を設定している。北海道という地域性で考えると、かなり高い設定である。しかし、これは主要マーケットの六割を東京と考えているためで、東京からわざわざ来るようなホテルを作ることによってこれを可能にしようと考えている。東京以外に狙っているのが、雪のシーズンの香港や台湾といったアジアマーケットである。前回の洞爺のプロジェクトでも旧正月から札幌雪祭りのシーズンにおける台湾からの大量の予約を受けていた実績もあり、このマーケットにも期待している。

洞爺の再開には、C^3I（シーキューブアイ）というキーワードを導入した。

もともとはアメリカの国防総省《ペンタゴン》が使用しているコンセプトで、「communications（コミュニケーションズ＝通信）」「control（コントロール＝統制）」「command（コマンド＝指令）」の頭文字の三つのCと、「intelligence（インテリジェンス＝諜報）」の頭文字をとったものである。戦争のために必要な要素を挙げているが、今回はそれをもじって平和利用した。

ホテルに必要なC^3Iは、「culture（カルチャー＝文化）」「comfortability（コンフォタビリティ＝快適）」「community（コミュニティ＝地域社会）」の三つのCと、「intelligence（インテリジェンス＝情報発信・知性）」の頭文字Iである。

とりわけホテルにおいては、「コミュニティ」は重要な要素と言える。

かつて私がハウステンボスのホテルを運営していたときに、

「ホテルヨーロッパは、まだまだたいしたことはないホテルですから」

と地元の方に対して謙遜《けんそん》した。すると、その方は、

「なんば言いよるとですか。ホテルヨーロッパは、長崎の誇りですけん」

と、気色《けしき》ばんだ。この言葉を聞いたときに、ホテルがコミュニティのものになったと感じ、本当に嬉《うれ》しかったものだ。今回の洞爺のプロジェクトでも、ゆくゆくは北海道の誇りと言えるホテルを目指したいと思っている。

コミュニティにおけるホテルという観点からすると、「日本を表現するものであること」、その次に「北海道を表現するものであること」、それから「実際の地域社会に貢献する」という三つである。

日本の表現というのは、日本の伝統文化を入れていくということで、ウィンザーそのものがトータルマーケティングとして持っているコンセプトである。二つ目の北海道を表現するということに関しては、個性を出してゆくためのポイントがある。北海道にとっては、「食」こそがアイデンティティそのものであり、ホテルの持つDNAに近いものがある。「食文化」をいかに表現するかにより、ホテルの個性と社会性が出てくると考えた。食文化に力を入れることは、ホテルがコミュニティを大切にしているという観点を強調するためにも導入する必要があったのだ。北海道

の食文化を伸ばしてゆくことが、最終的に地域社会の発展に貢献することにつながる。

北海道の食材は世界でも最高峰であると思う。食材の種類が豊富であり、世界でこれほどの食材の宝庫はない。北海道というと、「でっかいどう、北海道」というコピーが定着しているせいか、日本人にとっては広いというイメージがある。日本人は日本という単位で考えているので、北海道が大きなところだと思い込んでいる。ところが世界的に見れば本当に小さな島にすぎない。しかしこのものすごく集約された狭い地域に、自然環境に恵まれた海の幸、山の幸、酪農の幸と全部備わっている、世界でも稀有《けう》な場所なのである。だからこそ、北海道は食文化をもっと力強く打ち出すべきなのである。ＢＳＥ（狂牛病）の問題など不幸なことはあったが、そんなことなど平気で吹き飛ばせるだけのエネルギーと力がある。

北海道の力を全面的に押し出してゆくためにも、洞爺のプロジェクトでは食文化の提供が重要だったのだ。

■「食」文化の発信というコンセプト作り

ホテル事業は、なんと言ってもＦ＆Ｂ（料理・飲料）と言われるように、料飲事業が経営の大きな部分を担っていると思われる。

従来のホテルはその収益の六割を宿泊部門に負っていた。部屋を数多く作り稼働率を上げてゆくことは、そのまま収益の増加に直結する。しかし、たとえば一泊一万円の部屋が一〇〇室あったとしたら一〇〇万円の売上、という具合に決まってしまい、それ以上は増えないという弱点もある。

一方料飲部門は、今までのホテルの場合は売上構成がせいぜい二〇%である。部門別の売上からすると宿泊部門と比べて見劣りがする。そのため、どうしても戦略性を持った展開をしないホテルが多かったような気がする。

しかし、料飲部門には夢がある。というより夢と憧《あこが》れを託した戦略を立てることが可能であり、それが結局ホテルの個性を作り、売上に貢献する要素になるのである。

日本のホテルは、今まで「食文化」を織り込むのがきわめてへただった。

レストラン対ホテルというと、ホテルは個性がないと評価されてしまっていた。味はまあまあだが、それ以上でもそれ以下でもないと思われていた。事実、ホテルにおけるレストラン事業で考えると、昔は一つのホテルにせいぜい二つのレストランしかなく、その中で処理されているにすぎなかった。しかし次第に食文化と社会的な環境が豊かになり、徐々に食が広がりを見せている。最初は、「おいしい」だけでよかったのだが、ある種の付加価値をつけることで文化性が極められてきた。

ホテルといえども、ダイニングだけで成り立つわけにはいかず、フランス料理、和食などバラエティを持たせることで伸びてきた。

ホテルにおける料飲部門は、ある程度セグメント（区分）化というか、客層ごとに好みをかえてゆかなければならないという宿命がある。客層により好みが違う、ライフスタイルによっても変わるし、その人の持っている個人の文化のようなものでも違ってくる。お客様によって個性が違うので、それをいかにマーケティングしてゆくかというのが、ホテルにとって大きなポイントであり、最終的に顧客をどうつないでゆくかがホテルにおける顧客戦略となってゆく。顧客戦略を立ち上げてゆくためにも、食文化はきわめて重要なのである。最近は巷《ちまた》に個性的なレストランが誕生している。ホテルがそれらに対抗し、勝ち抜くためにはエッセンスを持っていなければならない。

北海道は確かに素晴らしい食材がふんだんにある場所である。しかし、食文化を提供するということであれば、食材だけでいいわけはない。口元まで持ち込む間に一つの文化性にまで高める必要がある。食材は素材でしかなく、料理とは言えない。食材を直接口の中に入れるわけにはいかないので、そのプロセスに世界的なマエストロを入れ込んでゆこうというのが洞爺の考え方である。

今回のウィンザーホテル洞爺で言うと、世界的な観点からすれば「ミシェル・ブラス」であり、日本を売るということでは「美山荘《みやまそう》」である。ミシェル・ブラスだけではなく、日本的で最も北海道のエッセンスを出しうる美山荘は、両方ともに「摘草《つみくさ》料理」であるという共通点がある。素材そのものを生かしながら、独特の世界を表現し、しかもその中にある種のディグニティ（威厳）

が感じられる。ここが一番重要なことである。客層戦略からみると、ここが頂点である。

しかし、いきなり頂点にいける人のマーケットは小さい。頂点を目指す人のために食文化を作り、その下に裾野《すその》を広げてゆく必要がある。ピラミッドでいえば、頂点にあるのがブラスであり、美山荘である。裾野に向かって初心者コースやファミリーコースが存在して、結果的にホテルというトータルのビジネスをサポートするシステムに生まれ変わる。バブル期は値段の高い店だけが集中していたが、ホテルが存続してゆくためには次の世代にいかにひきつぐかが問題なので、裾野を広く取っておく必要があるのだ。カジュアルな裾野の店から次第に上の店へというように、自分の好みとある種のこだわりに応じて上にあがってゆけるような仕組みを作ることにより最終的に顧客が安定する。そういうシステムをホテル事業におけるF&B戦略に持ち込んでゆくことが大切なのだ。

もう一つ大事なのは、ホテルは価格帯《ゾーン》を多様にする必要がある。

ウィンザーホテル洞爺で言えば、Aゾーンがブラスであり美山荘である。Bゾーンが「カローダイヤモンド」(ベトナム料理)である。Cゾーンなら「ギリガンズアイランド」(ホテルダイニング)という具合で、一番大事なことは、価格戦略によって顧客を安定させることである。

ホテルのマーケティングとレストランのマーケティングは多少ズレがある。ホテルのマーケティングは一泊でも二泊でも多く滞在してもらいたいということであり、レストランマーケティングは、レストランに来てもらいたいということにつきる。ホテルは滞在が増えることで「stay（滞在する)」ではなく「living（生活する）」になってくる。一方レストランは、どれほどブラスの料理がおいしかったとしても毎日は食べられない。ブラスの料理を食べた翌日には軽い食事にしたり、時にはパンとちょっとしたものだけでいいという日もあるかもしれない。となると必然的にパン自体も素晴らしいものでないとダメということになる。パンは単価がそれほど高いものではないので、利幅は薄い。しかしそこで儲《もう》けるのではなく、どれだけ多角的に利用していただくかを戦略的に構築することで、結果的にお客様が料飲施設を多角的に利用することになる。

ちなみに、ウィンザーホテル洞爺ではパンはフランスの最高のパンである「ブーランジュリー・エリック・カイザー」を導入した。これにより「ステイ」から「リビング」に変わってくる。使いやすさであるとか、楽しみがそれだけ増えるという点において、ホテルのF＆B戦略が絶対に欠かせないし、昔のように少ないレストランで対応するのでは顧客の安定は不可能ということになる。

■洞爺におけるF＆Bのピラミッド戦略

ホテルにおける料飲部門は、カジュアルな店から最高級の店まであるなかで、どの店を選ぶかというところから楽しみが始まる。今現在は予算の面から、最高級の店では食事ができないとしても、いつかは憧れの店で食事をしようと思うかもしれない。

この憧れ感を刺激することが客層戦略なのである。これに呼応するように、料飲施設のピラミッドが形成される。

「食べる」ということは三大欲の一つなので、食べるということ自体がイベントと言っていいくらいの意味がある。かつてハウステンボスのホテルでも「食」を柱に据えたのだが、残念ながらホテルヨーロッパは、食事をする場所が少ない。メインダイニングはフランス料理だけで、和食のスペースがなかった。日本のリゾートホテルでは和食がないと、宿泊滞在日数が増やせない。日本人における和食というのは文化のようなもので、和食がないだけでも物足りなさを感じてしまう。リゾートホテルの究極の目標は滞在日数を増やすことなので、和食がないというのは致命的だった。

洞爺のプロジェクトでは料飲部門における客層戦略を考えるとき、「customer（カスタマー＝お客様）」の頭文字Cをとって段階的に考えてみる。C1、つまりごく少数のリッツカールトンに宿泊するようなトップのクラスだけを狙うのではなく、C1からC5までを網羅《もうら》するような食のマーケティングを展開する必要がある。C1（上級利用者）からC5（初級利用者）と定義付け、利用の目的や予算、そして知識のレベルによって、レストランを選べるように配慮し、一部の特殊な利用者だけを対象とした今までの高級ホテルのマーケティングを排し、価値観やライフスタイルという軸で顧客層の広がりと将来の安定を狙った。

たしかにC1クラスだけを相手にしたマーケティングはある意味でわかりやすいが、C1クラスは数が少ないうえに次第に高齢化して、食が細くなったり食の傾向が変わったりすることもある。「食文化」の牽引《けんいん》力が低下してくるのだ。しかし年月が経つと、C4かC5クラスの二十代のお客様も十年たてば三十代になりクラスが上がってくる。今のお財布では行けないけれど、十年経てば行けるというように、自分の状況に応じ「食」の選択を上げてゆくことができる。

リゾートホテルとして東京からのお客様を全体の六割と想定した場合、動員の要素となるのは東京には絶対にない施設でなければならないということ。洞爺の今回のプロジェクトは、低価格のピザやヌードルショップ、和食から、高級フランス料理まで価格帯は幅広いが、すべての店が最高のこだわりと品質の一一店を揃《そろ》えてある。

たとえばピザは「ピットーレ」という私の大好きなイタリアンレストランが入るが、この店では生地からチーズまでこだわった最高峰のピザを提供する。また、パンはパリで一番の人気で、パリの三ツ星レストランがこぞって採用している「ブーランジュリー・エリック・カイザー」が、お菓子はパリで一番の人気の「ジュラール・ミュロ」が出店する。このように、ただ安いのではなく、安くても品質にこだわりを持った「食」だけを、厳正に選んだのだ。

もちろん、北海道の海の幸を提供する寿司は、地元札幌の名店「すし善」の嶋宮氏が「わく善」という屋号でプロデュースしてくれることになった。レベルの高い店からカジュアルまで、いろいろなランクがありそれなりに光り方が違う。この違いが、食を選ぶおもしろさにもつながるのだ。蕎麦《そば》は、「翁」の総帥である高橋邦弘氏がプロデュースする「達磨《だるま》」という店名で、打ちたての蕎麦を提供することになっている。

そして料飲部門の頂点として、フランスの三ツ星レストランの「ミシェル・ブラス」が本店以外で初めて出店する。彼はふるさとライヨールで、地元で採れるハーブや野菜を使って素晴らしい料理を作っていたが、今回パリでもニューヨークでも、東京でもなく、北海道に出店するというだけでもすごいことである。


こうした「食」の戦略は、北海道にとってもいい影響をもたらすはずだ。

北海道は海の幸、山の幸、酪農の幸が豊富で食材の産地としては有名だったが、残念ながら「食材の産地」というイメージから脱却できていない。今北海道のツアーに出かけると、どこでも三大ガニの歓迎をうける。タラバガニ、ケガニ、ハナサキガニなど大形の茹《ゆ》でたてのカニが目の前に出される。最初は感激していた観光客も、次第に飽きてくる。なぜなら、どこへいってもカニ、カニ、カニだからである。出す側は、

「どうだ！　北海道のカニだぞ！」

と胸を張るが、少しうんざりしている観光客の表情など見ていない。

北海道はジャガイモも、アスパラガスもおいしいが、たいていは空港で土産《みやげ》に買って、自宅へ送ってしまう。北海道の食材は、他の地方でおいしい料理に姿をかえて提供されるのである。こ

れが食材の産地と言われるゆえんである。この状況を打開しなければならない。北海道は道《どう》をあげて「食」をテーマに大規模なイベントを実施している。しかしどうも「食材の産地」のイメージから脱却できていない。北海道を食材の産地ではなく、「食」そのものの魅力あるものにして、「食」で観光客を呼び寄せる起爆剤にする必要がある。そのためにも、マエストロと言える料理人を前面に押し出して、顔の見えるアピールをしてゆかなければならない。

ブラス氏は洞爺の店のオープンに先立ち、札幌の二条市場で魚を見たり、地元の農家を回り野菜やハーブを選んだ。チーズに関しては、地元の酪農家のチーズをもっと改良するように依頼した。彼は北海道の食材をできる限り使い、洞爺ならではの新しいメニューを創造しようとしている。彼が北海道の食材を使うことで、そこに社会性が出てくる。ブラスが北海道の食材を使って生み出す料理を北海道以外の地域の人がわざわざ食べに来るという流れができることが重要なのだ。

素晴らしい食材が揃っている北海道だから、いい料理人が最高の料理を提供するようになれば、わざわざ北海道に食事に来る人も増えることだろう。人が訪れることにより、活性化されるきっかけになるはずだ。こういう可能性の鍵を握っているのが、ザ・ウィンザーホテル洞爺なのだ。

■「食」の重要性

「食べる」ということは、人間の三大欲望の一つであるだけでなく、「食べる」こと自体が大きなイベントである。お祝いの席の会食だけでなく、恋人との食事、取引先の接待、子供との食事など、誰かと食事をするということはそれだけで大きな楽しみである。

ホテルにとっても、F＆B（料理・飲料）部門はとりわけ重要な要素である。一般のレストランとは楽しみ方において大きな違いがあるのだ。

ホテルにおいては、「食べる」ということだけでなく「食べる」までのプロセスまで含めて食事なのだ。

たとえばお客様が外国の一流ホテルのレストランを利用する場合は、正面玄関でドアマンに迎えられる。そしてベルマンに荷物を預かってもらうところから食事の楽しみが始まっている。それはまるでドラマの主人公になったようで、ロビーで国際的な雰囲気を楽しみ、友人と出会って会話をかわす。

「これからどちらへ？」

「この上のレストランへ」

という流れでドラマは進行してゆく。これができるのが、ホテルのレストランなのだ。

ウォルドルフ・アストリアホテルの総支配人（GM）、ワンゲマン氏は、ホテルを訪れたお客様

の顔色やしぐさ、受け答えでそのお客様の心の状態を読み取って適切なアプローチをした。よく言っていたのは、

「少しでもお客様の気分を明るくしてあげるための提案をするべきだ。まずわれわれが与えるのはアンビアンスだ」

ということ。

アンビアンス(ambiance)とは、「雰囲気」という意味である。ホテルはアンビアンスを作り出してこそ、初めて価値あるホテルになるという。たしかに「雰囲気」がいいと気分も少し高揚してくる。この高揚がやがて期待感になり、「食べる」ことを総合的に楽しむことができるようになるのだ。

だから、もしお客様が憂鬱《ゆううつ》そうな顔をしていたらすぐに話題を変えなければならないと、ワンゲマン氏が常に言っていた。

たとえばスポーツの話題でもいい、野球でもサッカーでもゴルフでもとりあえず勝敗くらいはチェックしておいて、話のきっかけを作るのが大事だというのだ。

また、ワンゲマン氏は、お客様の状態をすぐに総料理長に連絡する。

「今日は調子が悪そうだ」

ということが調理場に伝えられると、メートル・ドテル（給仕長）はその情報を掌握して、

「前回はこれを召し上がりましたが、今日は少し軽めにしてはいかがでしょうか」

という具合にサジェストする。

逆の場合もある。

料理人から、お客様の味の好みが薄味になってきたとか、残すようになった、柔らかいお料理ばかりを選び、フルーツを食べなくなった、などの情報がGMに入ることもある。GMはお客様の体調の変化を察知して、別のサービスを提供する必要があるかもしれない。

ホテルにおいては、「食」がお客様に直結する情報源としての役割も果たすし、またお客様に楽しさやアンビアンスを提供する最高のツールにもなるのだ。


ホテルの総料理長というのは、常に心配性で、さびしがり屋であると言われる。常に厨房《ちゅうぼう》にいて外からの情報がダイレクトに届かない。一方、GMはマネジメントの立場に立っているので、総料理長を含めた調理スタッフとの接触の機会が減ってくる傾向が強い。しかし、私はそれではいけないと思う。情報を共有してこそ、お客様に最高のサービスを提供できるのだ。だからこそ私はできるだけ積極的に総料理長をはじめ、スタッフとコミュニケーションをとっている。これによって、食事をされるお客様によりドラマティックな感激を味わっていただけるようになるのだ。

ヨーロッパでは、GMと総料理長の緊密度が高ければ高いほどよいホテルだと言われている。ホテルにとって重要な要素であるF&Bを、いかに最大限有効に利用するかを考えた結果が、今回のウィンザーホテル洞爺のレストランなのである。

■「食」へのこだわり

ウィンザーホテル洞爺には、フランス料理のミシェル・ブラスと摘草料理の美山荘という二つの特徴的な店が揃う。どちらの店も本店は大変辺鄙《へんぴ》な場所にある。しかも、どちらも本店以外に出店したことがない。

ミシェル・ブラスは、パリからＴＧＶ（フランスの超高速列車）で二時間の距離にあるリヨンから、さらに車で五時間という山の上にある。美山荘も京都市内から車で三時間以上の鞍馬《くらま》の奥、花背《はなせ》という場所にある。どちらもこれほど都会から離れた場所なのに、いつも大勢のお客様がやってきている。それだけ苦労してもひきつける魅力があるから、多くのお客様が訪れているのだと思う。

その魅力とは、「文化性」ではないだろうか。

話は少し脱線するが、私の大好きなラーメン屋が熊本駅裏にある。「黒亭」という屋号のカウンターとテーブル合わせて二〇席ほどの小さな店である。熊本ラーメンでこってりしたとんこつスープなので一日何杯も食べられるものではないが、これがやみつきになるほどおいしい。私はたまたま用事があるときに、ふらっと寄る程度だが、なかには飛行機に乗って食べに来る人もいるらしい。一〇〇〇円もしないラーメンに飛行機代をかけて行くというメンタリティを考えると、多分ある種の自己満足に突き当たる。

人間は、いつも合理的なことばかりやっていないで、自己満足のような小さな「ゆがみ」があってもいいのではないかと思う。他の人にとっては無駄に見えることでも、自分にとっては価値あるようなものというのは大事なのではないかと思う。

どうして「黒亭」に行きたくなるかを自分なりに分析してみると、一生懸命作っている女将《おかみ》さんの姿にある種の感動を感じている。味に対する感動だけでなく、あきらかに作る姿やラーメンに対するこだわりといった文化性が、「行きたい」という気持ちを刺激しているような気がする。

ラーメンのスープに入っているニンニクも、焦げないように丁寧に時間をかけていためていて、それが焦げるか焦げないかのぎりぎりのところで踏みとどまっているというところに感動する。些細《ささい》なことだが、そうした一連のものに対する敬意が、たとえばわざわざ飛行機に乗って食べに行くという行動となって表れるような気がする。わざわざ出かけていったということに、ある種の道楽めいた喜びを感じそれが爽快な達成感に通じるのかな、と思っている。

美山荘について言えば、外観は非常に簡素な日本家屋で、きらびやかさとは無縁だが、空間演出が素晴らしい。料理は見た目にはシンプルなものだが、素材の持つ力を最大限に引きだしていて奥深い味わいがある。女将と若女将の出過ぎないもてなしが心地よく、周囲の自然とマッチして不思議な空間を演出している。ブラスの店もまた、奥深い山の上にガラスとアルミニウムを使った超モダンな建物だが、飾りを排除したシンプルさが、かえって料理を引き立てている。

ミシェル・ブラス氏が初めて洞爺の丘に登った翌日、彼を美山荘に連れて行った。初めての日本家屋で、しかも正座ということで、最初は緊張していたが、次第にリラックスしてくるのが見てとれた。女将の中東和子さんとのおしゃべりのなかで、お互いに料理に託す思いが共通であると感じたようだ。次第に打ち解けていった。

私は、この二つの店が洞爺で出会うことに意義を感じている。和食と洋食というように食のジャンルは違うが、根底に流れる文化性に共通のものがあり、最高のコラボレーションになるのではないかと期待がいや増すのである。

ウィンザーホテル洞爺は、千歳《ちとせ》空港から電車で七十分、駅から車で二十分ほどの所にあり、決して近いとは言えない。日本人の友人には、「あそこは遠いね」と必ず言われる。そこで、コーネル大学の教授にその話を伝えた。

「窪山さん、どこが遠いのですか。あなたは、リゾートが飛行場の前にあればいいと思いますか」

と言う。

「そういうものではありません」と、その教授は続けた。

「空港の前にあるホテルはエアポートホテルと言うのです。日本ではエアポートホテルはそんなに儲かっているのでしょうか」
「まさか。日本のエアポートホテルはどこも苦戦しています」
「そうでしょうね。窪山さん、ウィンザーが遠いと言った人に、どうしてエアポートホテルに泊まらないのかと聞いてみたらいかがですか？　多分、つまらないから、と答えるはずです。ホテルには作る側と使う側の両方あって、作る側がしっかりしたコンテンツを作れば距離なんてなくなってしまうものです」

たしかに教授のおっしゃる通りである。必要なのは、距離感をなくしてしまうような魅力的なホテル作りである。ハードはもちろんだが、魅力ある施設を作りサービスする人間をどう育てるか、それからサービスの裏に隠れているもてなしの気持ちを言葉でなく体でどう表現することができるかが勝負である。

「食」文化を含めた文化性をどれほど高めてゆけるかが、距離を超越してお客様をひきつける洞爺の魅力であり、それに命運がかかっている。

■和と洋の共通点

ウィンザーホテル洞爺に、晴れてミシェル・ブラスと美山荘の二つの店が入ることになった。しかし、ここに至るまでには長い年月が経っている。契約はブラスのほうが少し早かったが、実は美山荘に対する思いのほうがずっと先にあったのである。

話はハウステンボス時代にさかのぼる。当時、ホテルヨーロッパに和食のレストランがないのが頭痛の種だった。

宿泊日数は平均で一・七日だったが、それを二日以上に増やすには和食が必要条件だった。一時和食を作るというプロジェクトが持ち上がったことがあり、どうせ作るなら今までどこにも出店していなくて、しかも最高の店を招致したいとリサーチを行った。ターゲットを京都に定め、かなりの回数京都に通って和食を勉強した。そのときに浮上したのが美山荘だった。

当時私は銀座の寿司店「きよ田」に時折お邪魔していた。ご主人の新津武昭さんは、二十二歳の時に開業して以来、小林秀雄、青山二郎、今日出海《こんひでみ》といった文化人や一流経済人を常連に持つ日本最高の寿司屋と認められる存在だった。私はサービス業をやっている立場の人間として、〝武ちゃん〟と話をするのが好きだった。

残念ながら二〇〇一年に店を閉じてしまったが、私は〝武ちゃん〟から、常連だった白洲次郎さんや奥様の正子さんのお話を聞いているうちに非常に興味を持った。白洲さんの言動や行動にダンディズムを感じたのである。白洲次郎氏は、帝国ホテルの元社長の犬丸一郎氏の憧れの人物でもある。

お二人の著書やお二人に関する記事などを拝見するうちに、白洲正子さんがお好きな店ということで、美山荘を知ることとなった。白洲さんのお書きになったものを拝見したところ、「美山荘には日本そのものの空間がある」という。そのフレーズが心に残り、うまくそのエッセンスを取り込めたらいいと思って、とりあえず出かけてみた。

今から七、八年前のことだったと思う。

初めて美山荘を目指したときは、ずいぶん遠いところだなと思った。自分で車を運転していったのだが、行けども行けども到着しない。ところが鞍馬を抜けて、竹林を走り抜けるうちにだんだん不思議な気分になってきた。どうも自然の「気」のようなものがあそこにはあるのか、走っているうちに爽快な気分になってきた。その後も年に一、二回伺っているが、体調が悪くてもあそこに行くと調子がよくなるという経験が何度もあった。

美山荘の魅力は、料理もさることながら、もてなしのテンポが素晴らしい。美山荘が持っている自然に対する入れ込み具合がものすごく伝わってきて、そこにいるだけで気分が晴れてくる。この雰囲気を何とかハウステンボスに持ってこられないか、と思ったが、ついに言い出せなかった。ハウステンボスはあまりに外国的で、とうてい女将が承諾してくれるとは思えなかったのだ。こちらが言い出せないままの片思いだった。

その後ハウステンボスを辞したので、美山荘に対する思いもそのままになっていた。あるときたまたま見た雑誌に、まるで美山荘のような説明をされているフランス料理店が紹介されていた。

それがミシェル・ブラスだった。

料理の説明を読んでいると、料理人自らハーブや土地の野草を摘んできては料理を作るという、美山荘の料理かと思うような「摘草料理」が紹介されていた。確かまだ、三ツ星をとっていない頃だったと思うが、フランス料理の常識とはまったく違う日本料理のような感覚の料理人がいることをそのとき初めて意識した。

感性の記憶というものは、日ごろは脳の奥深いところでじっと息をひそめているが、なにかの拍子に浮かび上がる。ウィンザーホテル洞爺が再開できそうだという状況になったとき、真っ先に思い出したのがミシェル・ブラスだった。リゾートホテルの柱を「食」にしようと考えており、それには絶対にブラスが不可欠だった。

といって、実際にどんな人かわからない。コンタクトを取る方法さえも思いつかなかった。そこで、どういうルートで連絡を取ったらいいのかを、以前からの友人で、「専門料理」という料理雑誌の編集長を長く勤めた斎藤壽さんに応援を依頼した。

斎藤さんの食と料理人に対する嗅覚には、大変信頼をおいている。料理人は世界中にいるが、斎藤さんは「これは」と彼のアンテナにかかった料理人に対してはすぐに連絡を取り、実際に自分で取材をする。ブラスに関しても、三ツ星をとる以前から注目し、あの遠い所まで取材に出かけていた。三ツ星をとってからは、取材も増えたようだが、それ以前の知り合いということで、斎藤さんにはブラス氏も心を開いているようだった。

ブラス氏に会えることになり、私は興奮していた。「ミシェル・ブラス」と「美山荘」は、単なるテナントではいけない。もっと「ブラス」と「美山荘」という二つのレストランとホテルがコラボレーションしていなければ意味がない。私の思いはどんどんふくらんでいった。

■ミシェル・ブラスとの縁

斎藤さんに案内していただいて、ミシェル・ブラス氏の店を訪ねることになった。ブラスの店は、四月から十月の六カ月しかオープンしていない。冬には山に雪が降ってしまうことと、ハーブや野草がなくなってしまうので、冬の間はジャムなどの仕込みや翌年の料理のレシピ作りで過ごすという。出かけたのは、あと一週間足らずでクローズするという二〇〇〇年十月末のことだった。

パリからリヨンへ、そしてリヨンでレンタカーを借りてブラスの店を目指した。十月のフランスの日の入りは早い。四時頃には真っ暗になってしまった。田舎道で街頭もぽつんぽつんとしかついておらずしかも道に不案内なので、車内の私と斎藤さんと通訳の藤沢祥子さんは不安になってきた。

「斎藤さん、本当にこの道でいいの」

と尋ねると、

「これしかないんだから、この道なんでしょ」

まったくいい加減なものである。しばらく走っていたが、家の明かりが遠くにぼんやり見えるだけで、あとは真っ暗だった。

突然、ガタン！　と大きな音がして、車が一瞬傾いた。

「斎藤さん、どうしたの」

ブォーン、ブォーンとアクセルを踏んでも、車輪が空回りして車は動かない。

「まいった！」

溝に脱輪してしまったらしい。外は暗闇で、ブラスの店までは、まだかなり距離があるようだった。私と藤沢さんの二人で、車を押したがまったく動かない。

約束の時間は迫ってくる。

「私、ご近所の方に車を引き上げるのを手伝ってもらえるように頼んできます」

そう言うや、藤沢さんは家の明かりの見えるほうに走り出した。

しばらくすると、前方から車のヘッドライトが迫ってきて、私たちの前で止まった。大型のベンツから降りてきたのは、藤沢さんと五十歳くらいの女性だった。すぐに、ワイヤーをつないでアクセルを踏むと、車をあっという間に溝から引き上げてくれた。お礼を言ったついでに、ブラスの店までどれくらいの時間がかかるかを尋ねた。

「あら、偶然ね。私も今晩ブラスに行くことにしていたから、一緒に行きましょう。でも、ちょっと着替えをしたいから、家にお寄りいただけませんか」

と言う。

案内された家というのが、こんな田舎には不釣り合いなほど大きい古いお城のような屋敷だった。表札には「ヒマラヤ」と書かれていた。

彼女の名前はマダム・パンヴァン。

マダム・パンヴァンの自宅は、ネパールの美術工芸品が所狭しと並べられたアジアンテイストで、リビングの隣の部屋には、大きなパオと呼ばれるテントが置かれている。

「お金持ちの道楽は違うな」

と妙に関心してしまった。後からわかったのだが、マダム・パンヴァンは日本の百貨店にも輸入されている「タルティーヌショコラ」という高級子供服メーカーの社長で大富豪だった。まさか、こんな町の灯もまばらな田舎にそんな人が住んでいるなんて、まったくフランスは侮《あなど》れない。

ブラス氏との約束の時間の午後五時はとっくに回っていた。初めて会うときから遅刻をするなんて、相手の心証を考えると最悪だった。ところが、マダム・パンヴァンがブラス氏に電話をかけてくれた。早口のフランス語でほとんど内容は聞き取れなかったが、やりとりの様子からするとかなり親しいようだった。

はたして、彼女はブラスの大のお得意様だったのだ。しかも、その日も予約を入れていて、彼女に案内してもらう形で店に到着することができた。約束の時間を一時間半も遅れての到着だったにもかかわらず、彼は目じりを下げて人なつっこい笑顔でわれわれを迎えてくれた。マダム・パンヴァンのおかげだった。溝に落ちたことがよほどおもしろかったのか、ブラス氏がしきりに笑っている。彼は料理の哲学者のようで、かなり気難しいと聞いていたので意外な感じがした。

事前に出店の要請をしていたわけではなかったので、一応こちらの要望を伝えた。店を開くことについては、クエスチョンだと言った。

「とりあえず、日本に来てウィンザーホテル洞爺を見てれませんか」

とお願いをしたところ、

「一度くらいなら」

と返事をもらい、それが二カ月後の十二月三日に実現した。

誰にも任せずに自分で頼みに行って、自分のホテルにかける思いを伝えることができたから、それがよかったのかもしれない。ブラス氏は料理はもちろん店のデザインから経営まで、何でも自分でやるタイプの人なので、人任せにしないで本気で交渉に行ったという意気込みを感じてもらえたようだ。

まったく「人間万事・塞翁《さいおう》が馬」とは言うが、あそこで溝に落ちることもなく、マダム・パンヴァンに出会うことがなければブラスが洞爺に来ていたかどうかわからない。これが縁というものだろうか。

後日、日本に出店するということで、ブラス氏がフランスの料理雑誌にインタビューを受けたのだが、車が溝に落ちたことがきっかけで日本に行くことになったと笑顔で語っている記事が掲載された。

■ミシェル・ブラスと美山荘が作り出す空間

ブラス氏の有名な料理に「ガルグイユー」というのがある。トマト、ナス、ズッキーニ、たまねぎ、パプリカなどの野菜とハーブをふんだんに使った一品である。じっくり火を通してあるのだが、それでいて野菜が混ざり合わずにそれぞれの甘さや味わいを残しており、フランス料理とは思えないほど繊細な料理だった。ブラス氏の店で初めて口にしたとき、これが以前雑誌で見て美山荘の料理かと勘違いした、その料理だと気がついた。ブラス氏との話は深夜二時過ぎまでかかり、翌朝再び訪れることを約束して店を出た。


翌日はよく晴れていた。

ブラスの店のある丘をのぼってゆくと、山と平原が広がる大自然を見ることができた。ブラス氏はこのライヨールの自然をこよなく愛し、この自然からの恵みを使い料理を作っている。たとしかにライヨールの雄大な景色もよかったが、内心この風景よりも洞爺の景色のほうが素晴らしいと感じていた。

「これなら、洞爺のほうが勝っている」

日本語でつぶやいた。

それから二カ月後の十二月に洞爺の丘に立ったブラス氏は、洞爺の自然に感動して出店するという意欲を見せてくれた。自然を愛し、自然とともに暮らす人は自然の素晴らしさを知っている。作り物ではない洞爺の大自然が、ブラス氏の気持ちを引き寄せてくれたのだと思う。

その思いはブラス氏を美山荘にご案内したときにも確信した。ブラス氏と美山荘の女将中東和子さんも、通じるものを感じたようだ。西洋と東洋の違いはあっても、根底には同じ発想が流れているような気がする。言葉は通じなくても、感性で話ができるような感覚と言ったらいいかもしれない。ブラス氏を美山荘にお連れするにあたり、女将の中東さんには出店の要請を打診してあった。返事はいただいていなかったが、ブラス氏と話をしていただいたことで、うまくいきそうな予感がしていた。

今回のホテルの魅力作りで一番のポイントは、ミシェル・ブラスと美山荘のコラボレーションである。ホテルにテナントとして出店をしてもらうのではなく、マネジメントサポート契約を行うことになった。つまりホテルともがっちりコラボレーションを行って、ホテルはミシェル・ブラスの一部であり、ミシェル・ブラスはホテルの一部であるという空間作りをしてゆくことが、お客様にとって一番居心地のいい空間になるという発想である。ミシェル・ブラスのお客様はブラスの店から入るのではなく、ホテルのエントランスからミシェル・ブラスにつながる道ができるというようなイメージでサービスされなくてはならない。

美山荘についても同じで、美山荘のお客様が到着したら、女将が店の玄関ではなく、ホテルのエントランスにまでお迎えに出ることで、ホテルと美山荘の一体感が生まれるようなコンセプトを考えている。

ホテルにおけるテナントは、レストランが孤立してしまう危険性がある。コラボレーションすることで、たとえばレストランのスタッフにホテルの延泊を依頼することもできる。ホテルのサービスとも連動していて、ブラスの店が持つノウハウとホテルが連携してお客様サイドに立ったサービスを行うことができるのである。

これは食材の調達にしても徹底している。ライヨールの店と洞爺の店とが、一部の食材を一緒に調達することでコストコントロールを図る。マネジメントレベルでのコラボレーションを強化するのである。ブラスの意をくんだシェフ、アレックス氏が、洞爺の店を預かるスーシェフとして来ることになった。こちらからは、横須賀雅明シェフをブラスの店に修業に出し、彼の料理に対する考え方などを学ばせた。洞爺にはブラスの料理にかける哲学のすべてが投入されるようにしたのである。

店内のデザインは、フランス人のチェリー・シャロー氏が担当した。ホテル一一階の南ウィングにあるブラスの店からは、大きな窓越しに洞爺湖と有珠山が見渡せる。大きな夕焼けが暗闇に変わる頃には、テーブルのロウソクに明かりがともる。ブラスがこだわりを持って選んだ、それほど高くはないが個性的なワインが揃うワインセラーには、出番を待つワインが眠っている。

ブラス氏は思いのほか日本人の感性に近い人だった。それが、時に弊害になるということもあった。いざ契約という段階で、日本語とフランス語という言葉の壁に加え、契約書の存在が彼の機嫌をそこねたのだ。契約書という言葉にすると、どうしても杓子定規《しゃくしじょうぎ》で冷たい印象になる。情のかけらもないような言葉の羅列を見て、ブラス氏がかえって不信感を持ってしまったらしい。

「私は窪山さんを信用して、だからビジネスを始めようと思った。こんな契約書が必要ということは、私を信用していないのか」

これで、一時は破談かというところまで追い込まれた。すぐさま私はフランスに行き、直接会って事情を説明した。

「あなたを信用していないのではなく、これからも末永く一緒にビジネスをやってゆきたいので、契約を結ぶのです」

と説得し、結局彼の言葉を文章にするという方法をとった。

一行付け加えれば、そこで引っかかり誤解されてしまう。また一行というように、ブラス氏の心証を害さないように細心の注意をしながら、何とか契約にこぎつけた。

この一件では、いかに人間的な信頼が大切かということがわかった。何度も契約がこわれそうになっても、直接話をすることでそれを回避することができた。人間の信頼が基本だということが、すべてに通じる真理なのだと改めて思った。


ミシェル・ブラス氏との交渉のためにフランスを訪れているときに、あるパンに出会った。創業は六年ほどなのだが、パリで大変な人気でフランス料理界の重鎮であるアラン・デュカスの店でもそのパンに変えたという。それほどのものならばと、買い求めて食べてみた。素朴な味わいのフランスパンだった。

「この程度なら、明治屋の焼きたてパンのほうがうまいな」

という程度の感想しか持たなかった。ところが、帰国して日本のパンを食べたらどこか違う。おいしさと感動が感じられない。

「たしかに、あのパンはうまい」

と実感したのが、「カイザー」のパンだった。

もともと菓子屋の息子として生まれたエリック・カイザー氏は、天然酵母を液体にする技術を開発し、天然酵母の持つうまみを引き出すパン作りに成功した。天然酵母は発酵に時間がかかるため、毎日大量のパンを製造するのは難しい。天然酵母を液体にするという発想により、小麦の味わいを最大限に引き出す天然酵母のパンを大量に焼けるようになったのである。まさに味覚の記憶を刺激するパンなのである。そこで、さっそくブーランジュリー・カイザーに出店の要請を行った。パンは米のようなものなので、パンが安定しなければダメだという思いはあった。日本人が寿司を食べに行って、シャリがタイ米だったら、とてもでないが食べられない。米と同じで、パンもトータルでしっかりしたものを出そうと考えた。カイザーとは、ホテルの専属出店契約を行い、ホテルのすべてのレストランのパンはカイザーが担当することになった。

菓子の「ジュラール・ミュロ」にも出店を要請した。ミュロもまた、パリで一番人気の菓子屋である。サンジェルマンデュプレの本店には、フルーツやナッツといった自然の恵みをふんだんに使った菓子の数々が揃っている。ウィンザーホテル洞爺には、テイクアウトでお菓子を販売するだけでなく、ホテルのロビーにカフェを作った。

ブーランジュリー・カイザーとジュラール・ミュロというパリの人気店が、洞爺で軒を並べるのである。

それぞれこだわりを持った個性的な店と難しい契約を一つ一つクリアしながら、一一の料飲施設が揃った。どの料飲施設も、それぞれにドラマがある。何かドラマが始まりそうな予感を感じさせる店ばかりなのだ。

■日本初の本格的ホテル学校

私は洞爺を再開するにあたり、「食」とともに力を入れてゆきたいと考えたのが、ホテル学校である。ホテルに併設して「ザ・ウィンザー ホスピタリティ インスティテュート」を二〇〇二年九月に開校する。

日本にはサービスのノウハウを教える専門学校や経営理論を教える大学はあるが、残念ながら理論と実技のトータルでホテル業を教える学校は存在しない。これほど国際化が進んでいる現代、世界に通用するホテルマンを養成しておかなければ日本のホテル業はますます立ち遅れるのではないかという危機感を抱いている。

なにしろ現在の日本のホテル業は元気がない。元気がない業界は魅力に乏しく、いい人材も集まってはこないだろう。それでは困るのである。三十年間のホテルマンの経験から、いかにホテル業がおもしろくやりがいのある仕事であるのかを伝えてゆきたいと思ってホテル学校開校を思いたった。

日本は四季折々の風景があり、歴史ある観光地やアミューズメント施設も数多くある。「おもてなしの心」の伝統もある。それなのに、日本から海外へは一七〇〇万人の観光客が出かけていっているが、外国人は年間五三〇万人程度しか来日していない。観光資源に恵まれた国にしては、いかにも少ない。とても観光立国とは言いがたいのが日本なのである。たしかに、本物のリゾートを体験している欧米人を受け入れるためのホテルはない。サービスをする人材も豊富とは言えない。だからこそ、ここでしっかりした人材を育成するための学校が必要だと考えたのだ。

英語では「hotel」とつづるが、「ho」はホモサピエンス、人間のことで、「tel」というのは遠いところを意味している。つまり、「遠いところから来る人」のための施設がホテルである。たとえどんなに近いところから来た人に対しても、遠いところから来た人と同じようにもてなすことがホテルの使命なのである。

隣に住む人が来ていたとしても、遠くから来た人のようにもてなす心を忘れてはいけない。ところがシティホテルやビジネスホテルは、おもてなしの気持ちがすべてなくなり「泊まる」ということだけが目的になっている。ストレスというのは、遠くから来ようが近くから来ようが関係ない。遠くから来ているような感じで、もてなしをしてあげると相手は癒される。

「疲れていらっしゃるのではありませんか？」

「明朝はゆっくりお休みください」

という気持ちになりきってしまうことが大切なのである。

以前ダイエットの先生からお聞きした話がある。ダイエットのために野菜を大量に食べなければならないが、次第に飽きてくる。

「窪山さん、野菜を食べるのがつらいとお思いですね。それでは自分の頭でウサギになったとイメージしてください。ウサギはステーキは食べませんね。ウサギはアルコールは飲みませんね。ウサギは野菜が大好きですね」

このようなイメージトレーニングで、二カ月で一〇キロの減量に成功した人もいるという。

何事もイメージすることが大切なのである。ホテルは遠くから来た人のための施設であるから、いたわりを持っておもてなしをする必要がある。これは思ったからといってすぐにはできなので、何度も何度も訓練が必要である。肝心なのはイメージなのである。

たとえば、新人のホテルマンがＶＩＰを案内するときどうしたらいいかを教えられても、けっこう忘れてしまう。

この場合は、刀を差しているイメージを持つように指導する。

「刀は左側に差しますね。ご案内役というのは、案内するだけでなく相手の身を守るという役目も持っているのですが、誰かが襲ってきて刀を抜くことになったとします。もし自分の左側にＶＩＰがいたら、刀を抜いたときに切っ先がお客様に触れてしまうかもしれません。危険ですし、失礼にあたります。どんな場合にもお客様に失礼のないように、刀とは反対の右側でご案内するのです」

頭に刀を差したイメージが出来上がれば、ＶＩＰのご案内で戸惑うことがなくなる。

私はコーネル大学のホテル経営学部に学んだことによって、どれほどホテルに対する理解を深めることになったのかをいまさらながら思い知ることが多い。コーネル大学もほぼ全寮制で、「スタットラー・イン」というホテルが併設されている。コーネルでは、数字で経営を判断するノウハウが身についただけではなく、ホテルで起こる多くの問題に対してどう対処すればいいのかについての基本が身についた。

「ザ・ウィンザー　ホスピタリティ　インスティテュート」の学長にはコーネル大学のマルコム・A・ノーデン教授を招聘《しょうへい》して、コーネル大学の授業内容に即した形での講座を設け、学生にホテル業を多角的に学んでもらいたいと考えている。

学科は、国際ホテル学科と調理特専学科の二つである。

国際ホテル学科では、会計学やコンピュータを利用した会計システム、コスト管理、食品衛生学などマネジメントに関わる基本的な考え方を学ぶことができる。ここでは、数字の面からホテルを見ることができる人材を育成するだけでなく、人間産業であるホテルを有機的に発展させるための顧客管理や人材活用などについても身近な事例を引きながら考える方法を教授する。もちろん、コミュニケーションのツールである英語教育は何を始めるにも基本なので、徹底的に行ってゆく。

調理特専学科は、ホテルのレストランで実際に働いているシェフが講師となり、調理の基本からメニューの決め方、レシピなどを学ぶ。調理の基本を学ぶのがこのコースであるが、私は最終的には「料理長」を目指す人材を育成していきたいと思っている。

最近は料理人を取り上げたテレビ番組が多く、料理人を目指す若い人が増えていると言われる。しかし、独立して自分の店を持つ料理人と、大勢のスタッフを抱えるホテルの料理長ではおのずと役割が違う。料理長は、スタッフが働きやすい環境をつくるために精神的なものをサポートする機能を持っている必要がある。経営として成り立つためのコスト管理を行うことができ、衛生管理のスペシャリストであることが要求される。もちろん調理技術を常に磨き、それを合理的に部下に教えてゆくための言葉を持っていなければならない。今後の課題として考えてゆかなければならない。

学校での勉強もさることながら、アフタースクールでの体験やディスカッションが重要な意味を持っている。そのため、全寮制でなければならない。

ホテルのサービスは教える人によって違う。たとえば、何事も迅速に対応するのがサービスだと教える人もいる。また、リゾートではゆっくりするのがサービスであるという考え方もある。教えられるほうは、何が正しいのか混乱してしまう。一人一人が疑問を抱えながら、何となく処理しているというのが、現在のホテルマンの大半なのではないだろうか。かといって、表立っては聞けない。そんなとき、全寮制ならばアフタースクールの雑談やディスカッションの中で疑問をぶつけてみることもできる。ユニフォームを脱いだときには、本音が出る。

「どうも納得できないのだけれど」

という日ごろの疑問を本音でぶつけることで、解決策を身につけてゆくことができる。この本音の時間が持てるというのが、全寮制のよさであり意義なのだ。

二年の全寮制というと、長いように思えるかもしれない。しかし、若い頃に集中して学ぶ二年は決して無駄にはならない。私もコーネル大学で学んだ年月は、宿題も多く、寝る間を惜しんで勉強しなければ追いつかなかった。夜ともなれば、昼間講義した教授やゲストとともに、明け方近くまでディスカッションしたり、相談にのってもらったりした。こうした人間のふれあいで身についたことのすべてが血となり肉となって、何か問題にぶつかっても解決の糸口が見出だせるようになっている。こうした環境をぜひ、日本の若い人にも提供したいと思う。

学校は、大自然の中に建っている。ＬＨＷに加盟しているリゾートホテルに世界で初めて隣接した学校なので、実学を学ぶことができる。これほど整った環境のホテル学校は少なくとも日本にはない。

また学校では「プロトコール」や「マナー」なども徹底的に指導して、特に感性豊かな女性を数多く受け入れ、ホテリエの育成だけでなく、ユニバーサルな人材の育成にも力を入れてゆきたいと考えている。

女性にとって、ホテルとは広がりのある職場だと思う。女性は男性に比べてサービス業に向いているという特質を持っている。人をもてなすということにおいて、男性よりも感性がすぐれていると思うのだ。

女性が作り出す柔らかい空気というのは、ホテルにとって非常に重要な要素である。この空気こそホテルの付加価値の一部とも言えるもので、重要な部分を占めている。しかし、女性にも弱点がないわけでない。私は三十年のホテル人生で、数多くの女性社員を見てきたが、概して定着性や管理意識、創造性などの点で弱点が見受けられるように思う。

女性は一人で働いているときには輝くが、組織を活用して働くのは苦手な人が多いような気がする。だからこそ、ホテル学校で女性のよさであるおもてなしの心と、それを支える技術を最大限に伸ばし、加えて論理的な管理術や、経営術、創造性などを学ぶことによって鉄壁なホテリエを養成する必要があるのだ。欧米に比べると日本のホテル業界で管理職として働いている女性の数は、一〇〇分の一にも満たない。せっかくの人材が訓練されないことによって、埋もれてしまうのは惜しい。ぜひ女性のホテリエを育ててゆきたい。


「West meets East.」

ホテルとは、西洋と東洋が出会う場所である。西洋と東洋では文化が違う。その文化の違いを知ることは大きな喜びである。「食文化」であれ、「もてなしの文化」であれ、文化レベルまで掘り下げて学ぶことができるのは、若い頃の一時期しかない。周囲に遊興施設がない、自然とホテルしかない環境で徹底して学ぶことに意義があるのだ。

もちろん、私もこれまでのホテルマン人生において学んできた失敗や成功のエピソードを交えながら、「理想のホテルマンとは」という講義もしてゆきたいと考えている。

このホテル学校には人材を養成するという目的の他に、リゾートホテルの季節変動リスクを回避するという意味もある。

北海道のオンシーズンは、六月、七月、八月の夏期である。ホテルはこの時期満室になることが予想されており、スタッフの確保が急務となる。ホテルは年間平均稼働率を六〇％と設定して事業計画を立てており、スタッフも六〇％稼働に合わせた人数になっている。となると、オンシーズンにはスタッフが不足することが容易に予想される。リゾートホテルは、過不足ないサービスがあってこそ存在意義がある。

人手が足りないからといって、まったくの素人《しろうと》を雇うわけにはいかないので、それを補うのがホテル学校の学生である。オンシーズンに学生はＯＪＴ（オン・ザ・ジョブ・トレーニング）の形で実習ができる。ホテルにとってはある程度基本が身についた人材を使うことができるので、双方にとってメリットがある。ホテルのサービスを学んでいる将来のホテルマンにとって、実戦で学習できる絶好の機会となるのである。

アメリカの新学期に合わせて、九月に開校する。ホテル学校の卒業生は、優先的にウィンザーホテルに就職ができる。また、日本はもとより世界のホテルへの紹介も積極的に行ってゆく。卒業生が世界のホテルで活躍する日がくることを心待ちにしている。

■夢のホテル

ホテルは西洋で誕生したものなので、一流のホテルを目指すのなら西洋的な部分をある程度残しておかなければならない。しかし、西洋的なものに日本的なもてなしを加えることで、一層強力なホテルができるはずだ。

日本には歌舞伎や能の伝統があり、空間美や時間の流れ、音や気配の表現など優れたものがある。歌舞伎で雪が降る様子は、太鼓で表現される。バチでザザザと太鼓を打つことによって、雪がしきりに降るさまを表現できるという感性は、日本人が世界に誇っていいものだと思う。その感性はホテルの音楽に生かされるかもしれないし、食事のサービスや食器に生かされるかもしれない。

私も五十代を迎えて、少しスピードダウンをしなければいけないと思い始めた。根っからの体育会系のため、スポーツとなれば自分から率先して行い、負けたくないという気持ちが先に立ち争ってしまうところがある。

雪を見ればスキーをするものだ、と思い込んでいるのである。

しかし、雪はスキーをするためだけのものだろうか。ある年齢になると、雪は体験するものから見るものに変わってもいい。

たとえば、雪を見ながら俳句を詠《よ》んでもいいかもしれない。ホテルでは、俳句の先生をお招きして教室を開催する。

せっかく仕事を離れているのだから、男性対象の料理教室もおもしろい。ミシェル・ブラスのスーシェフがじきじきに簡単な料理を教えてくれたり、美山荘の料理長が酒のつまみの作り方を教えて、それを肴《さかな》に日本酒の利き酒の会をやるのもいいかもしれない。

ある程度の年齢になると、学ぶということが意外に遊びに通じる楽しみになるような気がする。リゾートで最高の先生に教わるクッキングスクールなら、男性でも堂々と受講できる。この堂々と学ぶことができるという空間を作ることで、リゾートを楽しんでもらいたいと思う。

アウトドアの楽しみも提供したい。

洞爺には釣り、カヌー、バードウォッチング、ゴルフ、スキー、クロスカントリーなど四季折々の楽しみがある。しかも、これをホテルが提案する。どうやったら楽しめるかをホテルがサジェスションすることで、お客様のトランザクション（ホテル内施設利用）の回数が増していけばいいと考えている。

そのために、洞爺プロジェクトでは「ルームコンシェルジェ」というコンセプトを導入した。ハウスキーパーは部屋の掃除をするのだが、彼女たちにはトランザクションを推進する役も担当してもらう。施設を徹底して理解して、ホテルで行われるイベント情報を常に持っていて、お客様にお知らせする。お客様の嗜好《しこう》や年齢、性別に応じて、さまざまの施設や楽しみを提案して、もし予約が必要な場合は、予約までを行うというのがその仕事である。コンシェルジェが、ホテルのお客様全員を対象にした仕事をするとすれば、ルームコンシェルジェはいわば個人専用の係ということになる。

自分の体にじっくり目を向けるのも、リゾートだからできることだ。

ホテルには「ブルーム・スパ」を設置した。ボディやフェイシャルのトリートメントをするという従来のスパの発想とは違い、東洋と西洋のよさを取り込み、香り、食事、運動、リラックス、トリートメントを総合的に行うことで心も体も元気にしようということを基本コンセプトに据えた。システム自体は弊社の梶川貴子取締役がシンガポールのラッフルズホテルのスパを設計企画したスザンヌ・ウォンさんに依頼して、日本人がほんとうにリラックスできるような施設と内容にしてある。

スパというとどうしても女性のものというイメージがあるが、ここでは男女ともに対応してプライバシーの守られた個室で個別のカウンセリングを行いながらその方のためのプランを作る。それらには成分分析を行った有珠山の火山灰を活用して、フェイシャルパックとして利用するなどできるだけ自然を生かしてゆくようになっている。

スパを体験したあとは心地よい疲れが残っているので、昼寝の場所が必要である。どうせなら、羊蹄山の雄姿が間近に見られる場所に、リクライニングシートを置いて、心おきなく昼寝をしていただきたい。飲み物はフレッシュジュースか、それとも北海道産のミネラルウォーターか、もしかするとエビアンにライムというのもいいかもしれない。

ホテルに対する夢がふくらんでくる。

第五章

理想のホテルを目指して

■高級ホテルのこだわり

高級ホテルというと、どうしてもバブル時代のイメージがぬぐえない。

大理石をふんだんに使いきらびやかな装飾を施した建物に、贅《ぜい》を尽くした料理と途方もなく高いワインを提供するレストラン。世の中の高いものをこれでもか、と集めたものが高級ホテルだと思われているような気がする。

ウィンザーホテル洞爺のプロジェクトを説明すればするほど、バブリーなイメージの高級ホテルのイメージを持たれるかもしれない。「ミシェル・ブラス」や「美山荘」といった高級レストランがあり、最高のスパが整い、北海道の中ではずば抜けて高い宿泊料金を設定している。

こうした一面だけをとらえて、バブリーであるというとらえ方をされてしまうのは心外であると言わざるを得ない。私の目指す高級とは、「高品質」を指す。値段の高いものばかりが揃《そろ》っているというのではなく、「こだわり」を追求していくことで実現されるものである。

ホテルとは五感すべてを刺激する場であり、それによってライフスタイルを提案する産業であると考えている。視覚、聴覚、味覚、嗅覚、触覚の五つを存分に刺激できれば、それが本当の高級ホテルであると言える。何でもかんでも安価なものばかりを提供していくのではなく、良質なもの、文化性の高いものを追求していくことが、この閉塞《へいそく》感のある時代にむしろマッチしている。すなわち〝夢〟を与えるプロジェクトだからである。

だからこそ、細部にわたってこだわりを持っていなければならないのだ。

ロビーをはじめとして館内の花は、すべて生花でなければならない。造花は枯れることがないが、パワーがない。生花には色があり、香りがあり、そして生きているものだけが持っている生命力がある。生花は人をひきつけることができる。造花では「きれい」という言葉は発せられるかもしれないが、それだけで終わりである。緯度の高い北海道では、特に冬場は生花の流通量が減るうえに値段が上がる。花のコストは年間を通してある程度かかるとは思うが、生花でなくてはならない。ＩＴを利用して仕入れコストを削減するなど、工夫をすることでこれを可能にする努力が必要であると考えたい。

音楽にもこだわっている。

単に音楽が流れているのではなく、四季に応じて、時間に応じて、気候に応じて音楽を変えることで空間を演出してゆく。選曲にあたっては、音楽プロデューサーに依頼して膨大な量のＣＤを選んでもらった。客室にはルームサービスのメニューのようなＣＤのメニューを用意して、ＣＤデッキとともに貸し出し、ご自分の聞きたい曲でリラックスしていただく。団塊の世代はちょうど洋楽が日本で大ヒットした時期に青春時代を過ごしているので、音楽に対する感度がいい。ビートルズに感激し、ピンク・フロイドに洗礼を受けた世代にとって、音楽は皮膚感覚で楽しむものである。そういう音楽敏感世代にも、「ウィンザーの選曲は一味違う」と言われるような音楽空間を演出するつもりである。

スパでくつろぐためのバスローブは、その素材にこだわった。エジプト綿は繊維が長いので肌ざわりがいいと言われているが、吸水性を考えると多少問題がある。イギリスのホテルのバスローブは素材のよさで知られているが、それは長い植民地政策によって最高級の綿の供給が可能になったためと言われている。イギリスと同じようにとはいかなくても、匹敵するような綿素材で作った。その肌ざわりのよさを、実感してほしい。

もちろんスパ自体にもこだわりがある。アジアで最高のスパと言われているシンガポール・ラッフルズホテルのスパのような東洋と西洋を融合させたスパを作り上げた。アロマテラピー、マッサージ、トリートメントといった基本的なスパのメニューに加え、体の中から健康とパワーを引き出すための食事、運動などを効果的に組み合わせることにより究極のリラックスを味わっていただこうというのがそのコンセプト。スパのメニューを体験していただくことで、一度に五感が刺激される。

バスルームは女性のためを思い、女性の使いよさにこだわって作った。バスルームに男性用の化粧水やヘアトニックといった、男性に重点をおいたアメニティを用意しているホテルがあるが、ウィンザーホテル洞爺では女性用に徹底してこだわっている。というのも、男性は自分のブランドを決めると、年月が経ってもずっとそれを使い続ける傾向がある。慣れ親しんだおなじみのブランドのヘアトニックなどを使うことが多いので、わざわざホテルが用意しても無駄になることがある。ところが、女性は化粧品に対する好奇心が強い。新しいブランド、新しい香りに挑戦して、より自分にフィットする化粧品を探そうとする。そんな女性の好奇心を刺激するためには、アメニティがポイントになるのである。

そのかわり、男性のためにはレザーの切れ味にこだわった。肌に直接触れるレザーの刃は、できるだけ薄く切れ味がいいものを用意することで肌へのダメージが極端に減る。これによって最高の髭剃《ひげそ》りあとを実感できるのだ。

リビングでのこだわりは、ベッドのスプリングに集約される。約四〇〇室のベッドをすべて廃棄して新しいベッドに入れ替えた。リゾートホテルは本当のリラックスを提供できてこそリゾートを名乗ることができる。現代人のライフスタイルは限りなく二十四時間に迫っていて、睡眠を削ることでそれを可能にしている。もしも、リゾートホテルで家にいるよりも一時間多く眠ることができたら、それだけで幸せな気分になるのではないだろうか。私にしても、慢性の睡眠不足のまま毎日過ごしている。何か考え事をしていると、自然と朝早く目が覚めてしまい、とても寝られるどころではない。

そういう現代人に究極の快適な睡眠を提供するために、特注のスプリングのベッドを用意した。

最初は少し硬くて寝苦しいと感じるかもしれない。ところがそのベッドに身を横たえているうちに、いつしか深い眠りに落ちている。枕もとには安眠にいざなうハーブの香りが漂い、気持ちのよい目覚めを迎えることができるに違いない。いつもよりもぐっすり眠ることができたら、目が覚めたときの幸せ感は他に比べるものがない。

ホテルにとって睡眠を提供することは、滞在日数を増やすことにも通じる。家よりも一時間多く眠られた場所は、もう一度訪れたいと思うはずである。滞在日数も増えるかもしれない。欧米のリゾートホテルの平均滞在日数は七日から多いところで十二日程度のところもある。せめて二日か三日にまで伸ばすことができたら、日本のリゾートホテルとしては成功だと思っている。それを可能にするかもしれないのが、この特注のスプリングのベッドなのである。

シーツにもこだわりがある。汗をかく夏と、寒い冬でシーツを変えることで快適性を追求したい。夏は体が火照《ほて》るので吸湿性の高い素材のシーツが求められる。冬はそれほど吸湿性の高い素材である必要はない。コストの問題はあるが、一晩眠って起きた朝の快適を味わってもらいたいと思っている。

滞在している間にシチュエーションに応じて衣装を着替えてもらう楽しみを提供するために、下着を入れる引き出しとオープンクローゼットを新設した。このクローゼットには最低でも十日滞在するための数の衣装がかけられる。

ミニバーにもとことんこだわってみた。ミニバーは缶ではなくすべてボトル入りの飲料を揃えている。これは私のこだわりなのだが、缶ビールよりも瓶ビールのほうがうまいような気がしている。缶が触れ合う音よりもガラスのボトルが触れ合う音のほうが温かみがあるような気がするのだ。

ゆくゆくはお客様に応じて、ミニバーの内容を変えてゆきたいと思っている。一度おいでになったお客様のデータをストックしておき、通常ミニバーは六割がアルコール飲料になっているが、たとえばアルコールを飲まないお客様の部屋にはソフトドリンクを充実させるといったこだわりを持ったラインナップにしてゆく。これはＩＴを活用するだけで容易にできることなので、やってゆきたい。

なにも設備や備品だけにこだわっているのではなく、サービスこそが一番のこだわりである。レストランにお客様がお入りになるところから、コミュニケーションが始まる。サービススタッフは、お客様がなぜこのレストランに来ているのか、目的を察してそれに応じた対応をしなければならない。

お祝いなのかお悔やみなのか、というわかりやすいものはもちろんのこと、どんな気分なのか、どんな気分になりたいのか、会話の中からさりげなく要素を見つける。お祝いならば、

「ハウスシャンパンのクリュッグがございますがいかがですか」

と勧めてみる。クリュッグは記念日のシャンパンと言われ、ヨーロッパでは何かお祝いがあっ

たり、喜び事があったときに開ける。ウィンザーでは、クリュッグに依頼し、クリュッグを特別にハウスシャンパンにさせてもらった。

いいホテルはビバレッジ（飲料）がよく売れると言われる。ビバレッジというのは、心を溶かし、少しセクシーな気分にさせる効能があるような気がする。セクシーなホテルもまた、私の目指すものである。

ウィンザーホテル洞爺の再開のコマーシャルは、香港の女優ケリー・チャンを起用して制作した。

『ドレスの下で、体温が〇・四度上昇する』

というコピーからもわかるように、大人が楽しめるセクシーなリゾートホテルが広告の制作コンセプトである。

ホテルというのは、ライフスタイルを提案していく使命を持っている。ホテルが提案したライフスタイルに触れて、お客様の一人一人がご自分のライフスタイルに取り入れていくとすれば、それはホテルマンにとって最高の喜びである。だからこそ、どんな小さなことにもこだわりをもってあたり、納得のいくものを提供していかなければならないのだ。

■「静」のホテル・「動」のホテル

人の楽しみ方、とりわけホテルの楽しみ方は、三つのパターンに分けられる。

大きく分けると「静」と「動」の二つなのだが、「静かにしていることを楽しむ」のが好きな人と、「動き回ることを楽しむ」ことが好きな人である。どちらにしてもストレスの解消のために行っているもので、この「静」と「動」を組み合わせて交互に来るような人とあわせて、三つに分けられるのだ。

たとえば軽井沢は、混合タイプと言える。軽井沢銀座は雑然としているが、軽井沢に住んでいる人にとっては都会のそばに住んでいる便利さのようなものが味わえる。しかし、一方で森の静けさも味わえるという、「静」と「動」の混合を楽しむところがある。

欧米人は、もっとはっきりしている。たとえば、森の中にコテージを持っている人は、近くの湖で日がな一日釣り糸をたれたり、読書をしたり、音楽を聴いたりしながらほとんど何もしないで過ごす。そうした「静」を楽しむ空間が好きであるし、「静」に過ごすのが上手である。だから日本の「禅」の世界や茶道などに憧《あこが》れを持つ人が多いのだと思う。

欧米人にとっては、「静けさ」を求めることイコール、リゾート感覚なのである。この発想の延長で、「禅」をとらえているところが多いような気がする。「禅」は哲学であるのだが、一方でリゾートにおける「癒し」に通じるものを感じているような気がする。

日本人の場合は、宗教的なものと哲学を追求するのはある特定の人のことで、楽しむというより修行の意味合いが強くなる。つまり「道」になってしまうのである。欧米人にとっては、あくまでもリゾート感覚である。ストレスを解消させるためのもので、日本人とはまったくとらえ方が違っている。欧米人にも哲学にまで極めた人はいるが、多くの場合「禅」の響きはリラクゼーションである。

日本人は、「禅」をリラクゼーションととらえる人は少ないと思う。「静」というものに対して、楽しむという心が向いていない。日本人は、「動」によって癒しを感じ、リラクゼーションを感じるところがある。

人間というのは、ないものねだりをするところがある。

日本人は、家の中で静かに我慢しているから、外に出ると活発に活動するのではないだろうか。普段、人の目を気にしてあまりお金を使わない、派手に動かないという日常を送っているから、ストレス発散のために「動く」のではないだろうか。しかし、最近日本人もやっと、動き回るだけでなく静かに過ごす楽しみも身につけつつあるような気がする。あと十年もすれば、「静」を楽しむ日本人も増えてくるだろう。「禅」も欧米人なみに、いわゆるトランキュリティ――ある種の静寂さの中のストレス解消のようなジャンルに持ち込めるだけの遊び感覚が身につくかもしれない。それが可能になるには、若い人たちが経済的に豊かにならなければならない。

「動」の体質を持つ人が、「静」になることで初めてリラクゼーションになる。

ある程度年をとってくると、動かなくなってくる。この年代の人は「動く」ことでリラクゼーションになる。クロスカントリーとか、トレッキングのように歩くことは、ストレスの解消にもってこいなのである。

日本においては、バブル崩壊後ホテル業界がかなり苦戦していると言われる。二〇〇一年九月に発生したアメリカの同時多発テロの影響で、海外からのビジネス客や観光客が減少したことも影響しているが、相変わらず稼働率、客室単価ともに低迷から抜け出せないでいる。しかし、そうしたなかでも一部の外資系ホテルは高単価、高稼働率をキープしているのである。私は日本のホテルマンとして、それが悔しくてならない。

たしかにホテルは西洋で誕生したので、その基本的な文化は西洋に学ぶ必要があるのもわかる。ウィンザーホテル洞爺の改築にあたっても、インテリアや内装はオランダ人やフランス人のデザイナーに依頼した。彼らが発想するホテル空間としての内装のコンセプトデザインはすぐれているし、思いもかけないデザインを提案してくる。完成予想図《パース》や設計図《デザイン》の状態ではあまりいいとは思えないのに、それがホテルという立体として目の前に現れると息を呑《の》むほどの出来栄えなのだ。

しかしホスピタリティに関しては、日本人は世界に誇れるものを持っているはずだ。それが発揮されないままに、外資系ホテルの人気が高まっているのはどうも納得いかないというのが本音である。

「楽しみを提案する」ためには、相手にとって何が楽しみであり、何を提案することで憧れを抱いてもらえるのかを考えたうえで、それを刺激するアイデアを生み出す必要がある。

「静」の人には「動」を、「動」の人には「静」を提供することでリラックスを提供できる。

ホテル事業とはあくまで一人一人のお客様のライフスタイルをサポートしてゆくものである。ホテルはライフスタイルを提案できる産業である。なぜなら衣食住すべてにわたり網羅《もうら》しているうえに、そのすべてがプロによって直接お客様に提供されるからである。

ライフスタイルというのはある種の文化であり、費用対効果だけで判断できないものである。「食べる」ことひとつとっても、どんな食材をどう料理して、どんなお皿にどう盛り付けるか。お酒は何にするか。それを提供するレストランのインテリアはどんなものか、音楽は何がいいか、照明はどうか、と考えてゆくと無限に広がってゆく。

スパの利用を考えてみよう。たとえばスパ付き宿泊プランを作ったとしても、ただ販売するだけでは意味がない。スパとはどんなところか、体と心の健康のために何が大切であるかというインフォメーションがあり、それを体験することにより究極のリラックスを実感し、お客様の今後のライフスタイルに取り入れてもらって初めてライフスタイルを提供したことになる。だから、プランの日数と料金と内容が明記されているだけでは不十分なのである。

ホテル業界に限らず、文化と経済効果の両立を図ってゆくのは難しい。文化はたいていお金にならないと言われるが、文化を標榜《ひょうぼう》しなければホテルとしては「快適な過ごし方」を提案していることは言いがたい。こうした難しい面があるからこそ、「やりがい」があり、思案のしがいがあるのである。

■投資に値するホテル

高級ホテルは日本においては難しいと言われているが、世界的にみるとホテルは相変わらず不動産的な潜在能力と、ファッション性が抜群であることから評価が高い。

ホテルの機能は数多くある。

一つは、社会的な投資価値である。人を集約的に使わなければならないうえに、雇用の年齢層を広げることが可能である。最近の外資は効率だけを考えて若い人を中心に雇用しているが、中高年にはそれなりの生かし方が潜在的にある。さまざまな年齢層の人が存在するほうが安心感がある。たとえば自分と同じ年齢層の人が頑張っている姿を見ているだけで励みになる。

二番目に、いろいろな食材を使うので、地域貢献ができる。ホテルには地域のコミュニティに根ざしているパワーがある。

大きな開発プロジェクトになると、砂漠の真ん中に町を作る場合でも、その町の象徴的な役割をホテルが担う。開発の中心にどういうホテルがあるかによって、その開発の色がついてしまう。ビジネスホテルが中核に来ると、ビジネスホテルの色になる。どういうホテルが来るかによって、その狙《ねら》いどころが見えてしまうので、はっきりとした色をつけるためにある種のブランドを引っ張ってくる。どのホテルを志向するかによって不動産価値が決定される場合もある。開発のイメージが規定されて、土地の付加価値を決めるからだ。

もちろん、この不動産的付加価値の中には、ブランド力と収益性の二つが不可欠な要素であることは言うまでもない。ブランド力のあるホテルは、それだけで周囲の不動産価値を引き上げる。そのホテルがあるというだけで、高級な地区であるという証明がなされたようなものなのだから。こうしたブランドが確立されたホテルは人気も高く、当然宿泊料をはじめとした料金も高く設定されているので収益性が高くなるのは当然である。

一九七〇年代後半からアメリカでは、土地そのものに付加価値をつけるためにホテルを利用してきた。コミュニティの場所としてのホテルの存在価値に着目し、総合都市開発における中核施設としてホテルを計画した。しかし、最近は付加価値を上げるためにホテルを計画するという、より積極的な発想に転換してきている。ホテルを総合開発の中核コンセプトを表現するものとして活用することで、全体イメージの個性化を図っているのだ。

また、ホテルには集合機能がある。全体のプロジェクトでは、ビルがいくつか建っている。ビルは縦の集合である。それをつなぐ役割がホテルである。人間は有機的につながっていないと不安定になる。たとえばどこで会うという約束をするときに、中心のホテルのロビーでということになるとそれでつながる。ホテルでパーティーをしたり、社会的なアクティビティがつながるので、都市空間において、ある種の付加価値が出来上がる。

だから、ホテルは単体の投資価値よりは全体の投資価値のほうが効率的なのだ。ホテルは単体で考えると、あまりいい投資物件とは言えない。賃貸させたり安定的なキャッシュビジネスだという特典があるので、キャッシュフロー的にはいい。しかし、全体からするとそれほど利益率が高いわけではない。

ホテル経営は華やかであり、素人《しろうと》でも参入しやすいと思われているところがある。日本におけるホテル経営は、大半が含み資産経営で長期間所有していれば、とりあえずキャピタルゲイン（資本利得）を確保することができた。しかし、現在はホテルの経営そのものが変革しており、収益性のポテンシャルを生かしきれないホテルは評価されないという状況になっている。実際に素人がホテル経営に乗り出して失敗している例は数多くある。また、バブル時代には、不動産関係はもともとよりまったく畑違いの企業がリゾートホテル事業に進出し、大半が撤退するか廃業するか、苦戦を強《し》いられている。ホテルという箱さえあれば、お客様がやってくるという安易な発想が根底にあったのだと思う。

今までホテルの経営をはかる指標として、稼働率があった。稼働率の高いホテルがイコールいいホテルというのが常識のようになっている。しかしインターネットの普及で当日予約なら五〇〇〇円というホテルも珍しくなくなっている。たしかにこれで稼働率が上がるには違いないが、それでホテルに何が残るのだろうか。今まで正規料金で宿泊していた三〇％程度の顧客が逃げ、ライフスタイルもなく、提案も満足もなく、稼働率という数字だけが残る。これではいけない。これからは内容と個性、そしてライフスタイルの提案がないホテルは、リゾートホテルや都市ホテルにかかわらず生き残っていくのが難しくなる時代がくる。

だからこそ、今後稼働率はあまり意味を持たなくなる。稼働率だけでは、ホテルを単純に比較できないからである。収入を考えると、稼働というのは単なる一ファクターでしかない。稼働率以上に重要なのが一室当たりの売上で、いくら稼働率が高くても、一室当たりの単価が低ければ経営数値としては意味をなさない。

一室当たりの単価をはかるうえで、注目すべきポイントはスタッフ一人当たりの労働生産性なのである。労働の付加価値、サービスの付加価値などを包括した労働生産性が、ＲＯＥ（return on equity＝自己資本利益率）に対して最大に貢献することになる。機械ならば単純に生産性の高いほうが評価される。しかし、リビング・カンパニーであるホテル業では、金銭生産性と付加価値生産性の両方を見なければわからない。数字に表れない生産性である、「情」の部分を斟酌《しんしゃく》する必要がある。

たとえば、Ａという人がいるおかげで、本来ならば殺伐《さつばつ》とした雰囲気になりそうな場面がなんとか収まっているということがある。そこに存在しているだけなので、金銭的な生産性は皆無であるが付加価値生産性は高いということになる。これが、ソフトウエアということなのだ。このソフトウエアが機能しているホテルはブランドを確立することが可能になるし、収益性も上がってくる。

■ホテルの流動性

海外では不動産としてのホテルの流動性が高い。

欧米の不動産の中で、一番流動性が高いのはホテルだという。アメリカの不動産信託システムであるREIT（real estate investment trust）においても、三割以上がホテルであるという実績を見てもわかる。つまりホテル経営においても、不動産の流動化を考慮した経営が求められるようになってくるのである。不動産流動化を推進するために必要なのが、運営面における収益性の高さである。グレードの高い運営により、収益性を高めていかなければならない時代がやってきているのである。

不動産の流動化は国際流通に通じているので、今までのような日本独特の価値観による経営数字では理解されない。この他にもまだ対応すべき事柄が多いので、残念ながら日本のホテルの停滞はしばらく続くのではないかと思われるのだ。だからこそ、投資に値するホテルを運営することが一層求められる時代になってくると思われる。

最近日本でもやっとホテルの不動産流動化に目が向けられてきている。ホテルの経営と運営がイコールであった時代から、来たるべきオーナーシップ（所有権）流動化の時代にどう対処してゆくかが討議されている。

もし本格的にオーナーシップ流動化を迎えると、真っ先に現在の会計システムをユニフォーム・システム（アメリカン・ホテル＆モーテル協会の会計システム）に変更しなければならない。海外と同じ基準と同じ項目でアレンジされる会計システムがあることで、東京やニューヨーク、バンコクなど点在するホテルの比較が可能になる。

私はハウステンボスのホテルですでにユニフォーム・システムを導入し、すべてのホテルの数字が即日に把握できることで、戦略的な運営を行うことができた。ウィンザーホテル洞爺においても当然導入し、ホテルの付加価値を高める際の指標としてゆこうと考えている。

今回の洞爺のプロジェクトにおいては、いかに付加価値の高いホテルを運営してゆけるかにより、ホテルそのものの資産価値やブランドイメージが上昇してゆく。これにより、オーナーサイドに対しても貢献が可能になるため、付加価値を高める戦略を進めている。その戦略の推移を見る指標となるのが、ユニフォーム・システムなのである。

日本のホテル業界は、相変わらず古い財務体質から抜け出していないというのが現状ではないだろうか。他業種に目を向けてみると、銀行業では自己資本比率を八％以上にすべしというＢＩＳ（国際決済銀行）規制に則《のっと》る形での財務体質の強化が行われている。また、一般企業においても、外国なみに時価会計システムへの切り替えが促進されている。もちろん、ホテル業においても、次第にこうした動きになってゆくのであろうがまだ十分とは言えない。

ユニフォーム・システムを導入すると、ホテルの経営体質の良い点も悪い点もはっきり表れる。優良企業の財務体質はもっと良くなり、悪い企業はもっと悪くなると言われている。これが時代の趨勢《すうせい》ということだろう。定義付けのあいまいな、従来のホテルが採用しているGOP（グロス・オペレーション・プロフィット＝総営業利益）では、実情はつかみきれなくなっている。

グローバル時代を生き抜くためには、あえて厳しい会計システムを導入し客観的な判断指標にさらされることによって、価値あるホテルを作り上げなければならないと思っているのである。

■ホテルにおける人材活用

二十一世紀のホテルビジョンを展望するときに、所有と経営と運営の三つの分野は完全に分離独立すべきだという考え方と、むしろ融合しながらやってゆくべきだという考え方があり、両方に一長一短がある。

ホテルのいわゆる社会的な信用度はかなり高い。ホテルのオーナー、ましてや「グランド」のついたホテルのオーナーともなれば、なおさらだ。かといってオーナーが経営に責任を持つだけでなく、運営に口出しをしたり無用の介入をするようになるのは問題である。また、運営側も、外資系にありがちなガチガチのマニュアル主義で、オーナー側のコメントに対して傾聴し、知識を共有するゆとりがないというのならそれもまた問題である。

知識の共有はサービス向上につながるし、受け側の感性次第でオーナー側との協力体制がより強固になるうえに、次のホテル展開の糸口にもなるはずである。

日本のホテル業界の現状で一番問題なのは、所有と経営と運営の明確な振り分けが確立されていないということにつきるかもしれない。ホテルの流動化が始まり、所有と経営と運営がそれぞれ独立して存在する状況になると、それぞれが社会的使命感を持っていなければならなくなる。

利益を上げてホテル内で回していればいいという考え方から、所有者であるオーナーサイドが投資意欲を維持してくれるように利益を還元するという発想に切り替えなければならなくなるということを認識しなければならない。

私はホテル運営会社を立ち上げるにあたり、利益還元をスムーズに行うために一番大切なのは何かを考えた。そこで得た結論は、質のいい労働力の確保をいかに行うかということである。

利益を確保するにも人間がすべてなのである。

少し極端な発想に思われるかもしれないが、究極的には終身雇用に終始したいと考えている。

終身雇用は人件費の高騰により固定費の拡大をもたらすため、日本では減少傾向にある。たしかに温情主義的な終身雇用は絶対に避けなければならない。しかし、明確なビジョンを示し、モチベーションコントロール・システムが存在すれば、終身雇用は運営的には非常に効果的な手法である。ホテル業界は、労働市場の流動性がきわめて高い。よほどうまくコントロールしていかなければ、質の高いサービスを維持してゆくのは困難である。だからこそ、いい労働力を常に確保するために雇用は安定させておく必要があるのである。

アメリカでは、日本の方向性とは逆行して、終身雇用制度の研究がさかんに行われている。ゼネラルモーターズ社は終身雇用の適用を開始しているし、ヒューレットパッカード社も社是として採用しているくらいである。終身雇用という古いシステムが悪いのではなく、システムの中核を残し、手法を常に改善し革新することが重要なのだと思う。温情主義的な終身雇用に固執することなく、オーナーの利益も確保するという両立を図る運営をする必要があると考えている。

サービス業の特性というのは、年齢が高まることによって必ずしも陳腐化するわけではない。経営と運営の中にしっかりとコミュニケーションがあり、それがオペレーションに発揮されることでうまくいくようになる。

終身雇用を確保したからといって、年功序列まで導入するのは間違っていると思う。勤続年数が増えるにつれて自動的に給料が高くなるシステムは、国際的にはきわめて納得しにくいシステムである。ポジション給や技能給を導入することで、実力のない人ややる気のない人に自覚をうながすことができる。

日本のホテルはいまだに終身雇用と年功序列の並列によるシステムを採用しているところが多

く、なかには人件費比率が四五％以上になっているホテルもあるという。他の業種では経営に黄色信号が点滅する。ほとんど倒産状態である。これがまかり通っているところに問題がある。

これを改善する手法としては、現状の売上を上げて人件費を相対的に下げてゆく方法と、完全変動費を目指してゆく二つの考え方がある。

これを効率よく運用するためにも、「キャリア・デベロップメント・プログラム」をはじめとする新しい考え方の人事制度が必要だったわけである。自分が二年後十年後どんなポジションにいて、どんな仕事をしていたいかの設計図を会社と社員が一緒になって描いて、修正を加えながら仕事をしてゆくことで将来に対する漠然とした不安を取り除き、いい人材を確保して会社としても生産性を上げてゆく。技術もモチベーションも高い社員であれば、少ない人数でもお客様に満足を与えるサービスが十分に提供できる。人件費比率を下げようとして、ベテラン社員を解雇して、給料の安い新人ばかりでサービスをしてしまったら、ＣＳ（顧客満足）は一気に低下してしまうだろう。それでは元も子もなくなってしまう。

人生において気力体力ともに充実し、働いて何かを学ぼうというのに適している時期は、二十五歳からせいぜい三十七、八歳くらいまでである。すべての年代《ジェネレーション》に対して一律に同じ手段を取る必要はないので、中核《コア》となる二十五歳から三十七、八歳くらいまでの層に対して、そのときだけ実力主義を一〇〇％適用するといった方法をとってもいいだろう。

また、本人の適性と職種がミスマッチになっている場合でも、上司の要望によって職種の変更ができずに異動が実現しないことがある。これでは本人のモチベーションも下がってしまうので、労働生産性もともに下がる危険性がある。これを改善するための人事考課制度もやはり重要なのである。

最近すべての業種にわたり、コストカットと人員削減が言われている。しかし、本当にそれで生産性が向上するのだろうか。ベテランの職人をリストラしてしまった工場では、機械ではできないような微妙な作業をこなせる人がいなくなり、ベテランを呼び戻すような動きも出ているという。やる気を伴った人間の能力には、計り知れない力があると思う。

ホテルの経営と運営をうまくコントロールしてゆくには、営業、財務、人材開発を含めた戦略構想を立てることが必要で、この構想を抜きにしては利益体質を確保するのは不可能なのである。

■北海道再生

今回の洞爺のプロジェクトがスタートできるかどうかの鍵は、オーナーのセコム側に対してどれだけ納得していただける材料を提示できるかだった。当然事業採算性に対しては、相当厳しく追及されたが、最終的に経営を担っていただくことになったのは、セコムという企業にロマンがあったからに違いないと思っている。

飯田亮取締役最高顧問がおっしゃった「北海道再生という社会性のある事業だから、検討してもいいのではないか」という言葉からもわかるように、企業ファクターとしてロマンというDNAを持っているからこそオーナーになっていただけたと思う。そしてわれわれの会社を運営会社として選んでいただけた。

契約上では、家賃を支払って運営を受託するというウィンザーがリスクを負うような構造になってはいるが、会社にとっての支払い能力は限られているので、実質的には成功払いでいいと言われているのと同じである。どんな事業でもリスクはあるので、それを踏まえたうえでどれだけやれるかという可能性にかけてくれたのだと思っている。

洞爺プロジェクトでは、事業採算性を上げるために、さまざまの方策を取っている。

リゾートホテルのリスク要因である季節変動性に対応するために、人件費比率をピーク時に合わせるのではなく、平均稼働率の六〇％に合わせておき、ピークに対応する要員確保のために学校を併設している。ホテル学校で基礎を学んだ学生にとっても、実際の現場で働くということは学校で学ぶ以上に意味があることである。

コスト管理についても、独自の考え方を導入している。

たとえば大きな割合を占める食材の管理と発注は、今まではレストランごとに行っていた。ところがその方法では、発注がダブったり無駄が出る可能性もある。そこで各レストランごとに発注するのではなく、一括して発注する。これにより冷蔵庫や冷凍庫が一括管理できることになり、必要に応じて各レストランにデリバリーすれば、食材管理が容易になり無駄を極力省くことができる。

また、コンピュータを活用し、B トゥー B（business to business＝電子商取引）で登録した供給元《サプライヤー》から価格を出してもらい、一番リーズナブルな価格の業者から購入を行うことにより全体の費用を抑えることを考えている。

また、フォーキャスティング（予測）を明確にすることにより、コストを下げることが可能になる。これは年間、どのレストランでどれくらいの量の食材を使用するかを予測して発注することで無駄をなくすだけでなく、年間の量が予測できた時点で業者に対して年間使用量を一括で注文することができるようになる。発注量がまとまることにより、コスト削減にもつながってくる。デリバリーについては、その都度やってもらうことで最終的には、ホテルにおけるジャスト・イン・タイム方式を確立するという考え方である。業者そのものを冷蔵庫であり、食品庫として利用することで、自分が所有する際に発生する無駄を省こうという考え方である。

北海道の特性を生かすというのも、大きなテーマである。

北海道は雄大な自然や豊富な食材を持ちながら、それを生かしきれていなかった。

「雪があるから、お客様が来ない。スキー客も減っているし」

多くの人がこう言って嘆く。雪を喜ぶのはスキー客だけではないのに、結局ダンピング合戦に陥り一層疲弊する原因になっている。雪を売り物にするのに、スキーと雪祭りに頼っているから、行き詰まってくるのである。

もっと雪を積極的に活用する方法を見出だしてゆかなければならない。

北海道を東洋のスイスにしようということ。スイスは山があり、雪が降るからリゾートとして、世界中からお客様が訪れているのである。北海道も東洋のスイスとして認知してもらうための戦略を立てて、台湾やシンガポールなどにアピールすればいい。

ダイヤモンドダストに祝福される「ホワイトウエディング」だっていい。

雪を見ながら、温かい場所で俳句会でもかまわない。

雪の季節の星を見る会だっておもしろいかもしれない。

雪は寒い、雪は冷たい、雪はすべての活動を停滞させるという北海道の人たちの思い込みが雪の魅力をわからなくさせているのではないだろうか。もっと素直に、雪のよさと楽しさをアピールする必要はあると思う。雪の季節は若いスキー客だから、料金を安くすればいいと安直に値下げ合戦をする。雪はスキー、スキーは若者という理論展開をどこかでやめなければ、北海道は再生できない。雪の魅力を見つけて、もっと広い世代に向けてアピールする必要があるような気がする。

結局北海道に欠けていたのは、想像力とアピール力ではないかと思うのだ。

北海道だから体験できるもの、北海道だから提案できる料理、北海道だから楽しめることをもっと明確にアピールする。それが新しいマーケットを作り出すことにつながってゆく。

今まで北海道は誰もがいっせいにダンピングすることで、不毛な競争を繰り広げてきた。今回われわれは、もっと高価格帯をマーケットに展開しようと考えている。ホテルエイペックス洞爺時代は、あれだけ素晴らしい景色と最高の設備を備えながら、価格は一泊六〇〇〇円と、洞爺の温泉街のホテルと価格的に競合していた。それではお互いに立ち行かなくなってしまう。これからは明確に価格帯を分けることで、いい意味での共生を図ろうと考えている。

地元虻田《あぶた》町では、ホテルが再開することで、年間一億数千万円の固定資産税が入ってくるという。ホテルがもたらす経済効果はもっと広がりを見せるだろう。

全国から、そして海外からもお客様が訪れることで、地元が潤い北海道が元気になれば、それは最高に喜ばしいことである。社会的意義のある事業をというオーナーサイドの意向とも一致しており、それがまた一層の励みとなっているのである。

■戻ってきたホテルマン

いよいよ二〇〇二年六月一日に、ザ・ウィンザーホテル洞爺がオープンする。

ウィンザーの社員は一時私を含めて五人にまで減ってしまったが、開業準備が進むにつれて社員が増えてきた。

ハウステンボス時代の一期生で、社長室の担当として私とずっとやってきてくれた夏井英樹も、紅顔の美少年という古めかしい誉め言葉が似合うような青年だったが、すでに三十歳を越えている。彼と私とは二十歳の年齢の開きがある。入社したてのころは、

「社長の年まではまだ時間があるので、ぼちぼち勉強してゆきます」

とのんきなことを言っていた。まだまだ時間があると思っても、あれから十年経って、四十歳は目前である。

「英語はどうしたんだ。しっかり勉強しているのか？」

とからかうと、

「諦めました」

と笑ってごまかす。

とはいうものの、彼はここ一、二年で急激に成長した。私を支えてしっかり走ってくれるようになり、口には出さないが感謝している。

彼のことは、どれくらい叱《しか》ったかわからない。

たとえばレビューという全社員参加の会議においても、不明確なことを言うと私は容赦なく厳しい質問を浴びせた。

「イベント実施のメリットとその採算について、数字の根拠はなんだ」

根拠となる数字の設定が甘いと、再び追及する。

このやりとりを全員に見せることで、全員の参加意識が高まり、会社がこれから何をしようと思っているかがわかるようになる。

このレビューでの追及は、なにも夏井に限ったことではなく、料飲担当、施設担当、宿泊担当、フロント、営業など、すべてのセクションの担当者が社員の前でテーマに沿った発表を行い、それに対して経営サイドからの突っ込みを浴びせられる。何とかごまかして逃げようものなら、一層厳しい質問が来ることがわかっているので、どこからの質問にも答えられるように、レビューの前には発表者は眠らないで資料を作成する。


赤坂の事務所に大きな机が運び込まれたのは、二〇〇〇年の五月頃だった。

営業担当の顧問として田島信典さんが、来てくれたのだ。田島さんとのつきあいはかなり長い。ニューオータニ大阪時代の営業担当の上司で、田島さんとは国際金融会議（ＩＭＣ）の誘致など戦略的な仕事を一緒にやっていた。私がハウステンボスに行ってから、当時ニューオータニの役員をなさっていた田島さんをヘッドハンティングした。

その後ウェスティンホテルで定年を迎えられたが、生来の仕事好きでとても家でのんびりしていられる性格でもないらしく、時期は忘れてしまったがふらっと会社にやってきた。当初は生活にあまり負担にならない範囲で、営業担当の顧問という肩書きで来ていただくことになった。田島さんは気風《きっぷ》のいい人で、仕事に取り組む姿勢に信頼感がある。
これでやっと会社として体《てい》をなすことができると安心した。

こうしているうちに、ウィンザーホテル洞爺再開のニュースが広まってきたためだろう、懐かしい顔が舞い戻ってきた。

顧問の吉田弘さんには、感謝してもしきれない。

ハウステンボスからウィンザーと行動をともにした吉田さんは、洞爺のホテル時代に脳梗塞《こうそく》で倒れ一時軽い失語症の後遺症があった。地元北海道出身ということで、洞爺に対する思い入れが強かったのだと思う。一時奥様の実家の福岡に戻っていたが、洞爺再開で再び北海道に入ってくれた。

吉田さんは、ハウステンボス時代に何百回と開催されたレビューで語った私の言葉を、すべて記録してくれていた。それはA４用紙で一〇〇〇枚にも及ぶ膨大なもので、これだけのものを記録しておいてくれた吉田さんの気持ちが嬉《うれ》しかった。

宿泊部長として戻ってくれた吉田賢吾さんは、南紀白浜のリゾートトラストの総支配人の職をなげうち駆けつけてくれた。料飲部長の田中秀明さんはニューオータニからウィンザー洞爺に入ってきた。土屋章子さんは以前ウィンザーにいて一時ニューヨークの邦人系ホテルで働いていたが、再び入社して現在はウィンザーの米国現地法人の副社長として活躍してもらっている。中華とベトナム料理を提供するレストラン「カローダイヤモンド」の高橋昌弘さんは、ウィンザー再開の報を聞いて真っ先に駆けつけてくれたシェフである。かつてエイペックス社の労働組合委員長だった大室雄司さんはブーランジュリー（パン職人）で、カイザー直伝のパンを焼く。

この他にも名前を挙げたら書ききれないほど多くのかつての社員が、駆けつけてくれている。また、他のホテルで働いていた人も、新しいプロジェクトに参加するために北海道にやってきた。

それまでがらんどうで妙によそよそしい空気が漂っていたホテルは、今多くの社員が戻ったことで再び息を吹き返した。まさに、眠りから覚めたという表現通りになっている。

そして二〇〇二年四月一日、一一二名の新入社員が入社してきた。道内から六〇名、あとは各県の出身者である。

慣例通り、役員一同がタキシード姿で彼らを出迎えた。こうしてタキシードで新入社員を迎えるのは、実に五年ぶりのことである。まだ幼さの残っている新人の顔を一人一人眺めながら、長かった再開までの道のりに思いをはせた。

なんとか再開したホテルを、今度は再生させるのが私に課せられた使命である。そのためには、多くのスタッフの協力と、気持ちの結束が大切である。

ホテルは人間が作り、そして人間を癒すところ。私は最高の社員に恵まれて幸せであると神に感謝した。

■ホテル再生によせて

開業が近づくにつれて、嬉しさと不安が入り混じった気持ちで落ち着かない。改修工事が予定より遅れていたし、新人研修も始まったばかりで、本当に使えるようになるには時間がかかる。ベテラン社員は方々から駆けつけてくれたが、なにぶん集まったばかりでうまくリレーションが取れているかどうかわからない。

そして開業の日は近づいてくる。時間がいくらあっても足りない。

開業まで三カ月余りに近づいた三月中旬に、ブラス氏が息子のセバスチャンを伴って、最終チェックのために洞爺入りした。長旅の疲れが出たのか体調を崩していたようだが、店の仕上がりをチェックしているうちに元気をとりもどしていったようだ。一階のレストランと、一階にはショップがオープンする。ブラス氏のショップは、白い和紙のような質感の素材で壁を作っていて、一見四角い繭玉《まゆだま》のような雰囲気である。彼は難しい顔で子細に見ていたが、やがて和《やわ》らいだ表情になった。彼の目にかなったらしい。戦略を考えこれでいけると思っていても、常に不安がある。自分でない第三者からの「これでオーケー」というサインは、心の安定のために欠かせない。

毎日があわただしく、あれもしたい、これもしたいと精力的に追いかけている状態が続いていた。開業までの感覚は、ハウステンボスのホテルを立ち上げたときのようなゼロの感覚に戻っている。前と違うのは社会貢献ができるということで、私の夢は大好きなホテル業を欧米並みまで引き上げたいという意識が強いこと。日本のホテルは遅れているが、一つ歯車がかんできたら、欧米並みにはいけると思う。平均的なレベルがあまりに低いというのは納得がいかない。海外とは一味違った、不況に強い日本のホテルができればいい。

ザ・ウィンザーホテル洞爺は、多くの人の協力と情熱と努力によってようやく再開にこぎつけることができた。再開できたというだけでも、奇蹟と言われるかもしれない。

しかし、奇蹟に甘んじ喜んでいるわけにはいかない。再開はあくまでも出発点であり、日本に本当の高級リゾートホテルを成功させなければならないという使命がある。ホテルが現在の混沌《こんとん》とした状態から脱出するのに少なくとも一年半くらいはかかるだろう。

日本のホテル業は元気がない。元気がないところへ、来年以降また外資系ホテルがいくつか参入する。これによって、もっと日本のホテル業の元気がなくなってしまったら、日本人としてはどうしても悔しい。

日本にも日本人のホスピタリティを存分に生かした、最高のリゾートホテルがあることをなんとしても示したい。ホテルには「遊び」のＤＮＡがいたるところにあり、そこにいるだけで「癒し」が実感できるようなリゾートホテルを作り上げる。これが私に与えられた使命である。この使命を果たすために、私は三十年のホテルマン人生を送ってきたのであり、三年の月日を耐え忍んできたのだ。

五十代になったら、何か一つ社会に貢献できることをしなさい——という「何か」とは、私にとっては洞爺のプロジェクトだったのだと思う。これをやり遂げなければ、自分の人生に悔恨を残してしまうであろう。

ホテルは人間産業である。多くの人に支えられることにより出来上がる。多くの人間の思いが結集しなければ、素晴らしいホテルは存在できない。これからも幾多の困難や問題が目の前に立ちはだかるだろう。しかし、ひるまず立ち止まらずやってゆきたい。

小泉首相は、海外からの観光客を八〇〇〇万人迎えたいと言っている。日本から海外への観光客一七〇〇万人と比べると実に少ない。日本の中で受け皿さえしっかりしていれば一七〇〇万人の観光客は出て行かないかもしれない。日本人はもともと旅行好きなのだと思う。旅行は好きだが休日が集中していたので、一泊旅行がせいぜいだったのだ。しかし週休二日が定着し、二日間同じ場所にいることがどんなに楽しいか知ることで休みの楽しみ方が変わってくるはずである。

日本人の楽しみは、最初は「食」であろうと思う。日本はいたるところに食材があり、食にこだわりがある。たとえば、日本の漁師料理ひとつとってみても、地域により海岸により本当に多種多様である。これほどバラエティに富んだ調理法を持っている国民は他にはないだろう。

欧米と違うのが、夫婦と子供との関係。日本はどうしても子供が主役なので、家庭の楽しみが限定される。夫婦単位で動くことが当たり前になったときに、またリゾートに向ける楽しみが広がってくるはずだ。

また、現代の日本人はコンピュータの発達によりストレスが増えている。もともと日本人は直接会い、肌でコミュニケーションをとりたがる民族なのでコンピュータストレスはかなり負担になっている。コンピュータによるコミュニケーションにより、「e-ストレス」が増しているので「e-レスト」へするためにもリゾートホテルが重要な役割を果たすようになってくる。

だからこそ、こだわりのリゾートホテルを作り上げたいのだ。


それぞれの社員がユニフォームを着て所定のポジションで働き始めた。

ドアマン、フロント、ベルボーイ、GRO、ハウスキーパー、シェフなどが忙しく立ち働いている。

私もそろそろ総支配人の顔にならなければならない。しかし、もともと人見知りがつよく、誰とでもフランクに話をするのが得意でない性格の私には、この総支配人の顔というのが一番難しい。

ウォルドルフ・アストリアホテルのワンゲマン総支配人、帝国ホテルの犬丸一郎氏、ホテルニューオータニの甲田浩氏もともに素晴らしいホテルマンであり、同時に外交官だった。

国家元首をお迎えするときも、美しい女優をお迎えするときも、一般のお客様をお迎えするときにも実に堂々として素晴らしいエスコートぶりを発揮した。その笑顔と態度を見るにつけ、あれが本物のホテルマンだと感じていた。誰に対しても気後れすることなく、誰に対してもオープンマインドで接しており、まさにホテルを代表するホテルの顔だった。

とてもあのお三方に並ぶべくもないが、そろそろ私もホテルの顔としての外交官の役をしっかりつとめなければならない立場になってきた。ややもすると人見知りの本性が顔を出し、いまだに外交官になれずにいる私だが、これも総支配人の責務のひとつとして自分に課さねばならないと考えている。

洞爺のプロジェクトは、今始まったばかりで、多くのお客様からサービスの不備をはじめとしてさまざまのご指摘とお叱りを受けている。しかし、それも再生の過程においては必要なことである。こうした状態を乗り越えて初めて成功の二文字を実感することができる。

いつか、このホテルを愛するお客様から、

「素晴らしいホテルですね。日本の誇りです」

とおっしゃっていただけるように、ホテルを作り上げて行きたい。

こう言われたとき、私は実感できるに違いない。

ホテルマンは、私の天職である、と。

あとがき

世紀の変わり目は、意識の変わり目だったのかもしれない。

一九九七年十一月十七日、百年の歴史を持つ都市銀行である北海道拓殖銀行が破綻《はたん》した。護送船団と言われた元大蔵省の銀行行政が、まさかほころびを起こすとは誰が想像しただろう。

この拓銀の破綻は、私にとっても青天の霹靂《へきれき》とも言える事件だった。

拓銀が破綻するということは、その年設立したばかりの私の会社が受注した初の仕事であるホテル運営が継続できなくなるかもしれないという、経営の危機に直結していた。

悪い予測は現実となった。

運営受託していた、拓銀が実質的オーナーのホテルはクローズすることになり、その後三年近くにわたりホテル再開と運営受託に向けて苦闘の毎日が続く。その間信頼していた社員が一人去り二人去り、資金が枯渇し、社内が荒廃した。

私はひたすらホテル再生に向けて、ほんのわずかなチャンスも逃すまいと頑張った。しかし、チャンスを摑《つか》もうとすればするほど指の間からこぼれていく。ややもすると落ち込んでくる気持ちを奮い立たせたのは、絶対に日本に最上のリゾートホテルを作りたいという夢だけだった。

念願かない、二〇〇二年六月一日「ザ・ウィンザーホテル洞爺《とうや》」がオープンする。

セコム株式会社の飯田亮取締役最高顧問が、ホテルが再開することによって、疲弊した北海道再生の一端を担うという社会的意義をお考えくださったことにより、開業にこぎつけることができた。

心より感謝している。

ホテル再開はかなったが、これからが正念場である。

私も五十代になった。今までは自分の好きなホテルという仕事を夢中でやってきたが、そろそろ社会に対して何か一つでも貢献しなければならない時期がきている。自分にできることといったら、本業であるホテルの運営しかない。

再び北海道洞爺の地に入り、三十年のホテルマン人生をかけて、最高のリゾートホテルを作り上げることが社会に対する一番の貢献であろうと考える。ホテル閉鎖から再開までの道のりは険しいものであったが、再開したホテルを最上のものに育て上げることもまた、困難な道のりであることは容易に予想される。

私は再び挑戦を始めようと気持ちをひきしめている今日この頃である。

二〇〇二年五月

株式会社ザ・ウィンザー・ホテルズインターナショナル
代表取締役社長　窪山　哲雄

窪山哲雄（くぼやま　てつお）
1948年福岡県生まれ。71年、慶応大学卒業。75年、コーネル大学ホテル学部を卒業後、ニューヨークのウォルドルフ・アストリアホテル、東京のホテルニューオータニなどを経て、長崎のハウステンボス内にあるＮＨＶホテルズインターナショナル（現ハウステンボスホテル事業部）代表取締役。97年より株式会社ザ・ウインザー・ホテルズインターナショナル社長。コミックとテレビドラマで人気の『ホテル』に資料・アイデア提供をしている。

カバー＆本文デザイン／リトル・エレファント
写真／岡村啓嗣（カラー口絵の空撮写真を除く）
編集／飯沼年昭

Project Hotel

プロジェクト・ホテル

2002年7月1日　初版第1刷発行

著　者　窪山哲雄
発行者　山本　章
発行所　株式会社 小学館
〒101-8001　東京都千代田区一ツ橋2-3-1
電話　03-3230-5617（編集）
03-3230-5333（制作）
03-3230-5739（販売）
振替　00180-1-200

印　刷　図書印刷株式会社
製　本　文勇堂製本工業株式会社

ISBN4-09-387384-4